U0920398

猴面包树

生命教育7堂课

林紫
著

上海三联书店

当你离开人世时，

上帝不会问你，

“为什么你没成为爱因斯坦”，

但可能会问你，

“为什么你不做你自己”。

——《小谢尔顿》

前言

为什么要写这本书

2020年1月起，一场突如其来的疫情开始在全球蔓延。为了缓解人们的恐慌和焦虑、为医护人员提供心理支持，我和林紫团队的伙伴从大年初一就投入到24小时公益心理援助中，我也同时被任命为上海市疫情防控社会心理疏导专家组成员。除了热线咨询、在线讲座、录制科普音频和撰写抗疫文章外，每一次的媒体采访也成为我们向社会各界提供专业支持、发出心理预警的重要通道。基于20余年的危机干预和心理救援经验，每一次，我都会通过媒体和讲座呼吁：要高度关注疫情爆发后1个月及1年后的心理危机高发期，尤其是疫情下的青少年和儿童们——因为生活秩序的骤然变化、成人焦虑的层层叠加、过往困扰的积压发酵，让他们的内在秩序和安全感经受严峻考验，而如果居家期间的亲子冲突、家庭矛盾等正好又遇到他们青春期的冲动与迷茫，则更容易出现极端事件……

尽管不断呼吁，青少年和儿童的危机事件还是在2020—2021年里频频爆发，令人痛心不已的同时，也引起了更多父母和社会各界的关注。大家不再总是将目光放在孩子的作业和成绩上。在此之前，太多的父母带着孩子来做心理咨询时，常常会不约而同地说："这么小，哪有那么多想法？他说想死，也只是吓唬吓唬我们！现在的孩子，太脆弱了……”

可是，心理咨询师们不这样认为。“林紫心理机构”成立20多年来，我和我的团队及200多位签约咨询师一起，接待了数十万个家庭，处理了数千例心理危机个案，其中太多个案的主人公在来咨询前都差点因为家人的轻视和不理解而真的放弃生命。

现在的孩子不是太脆弱，而是所受的教育中，缺少了最重要的内容——生命教育。

生命教育，不仅仅是学校和社会的事情。事实上，父母才是孩子生命教育的第一责任人，而家庭，则是孩子学习如何对待生老病死，如何将五味杂陈的人生过出滋味，如何在面对挑战和不确定时保有活下去的热情，如何找寻生命意义的重要身心场域。

生命教育，不是说教或空洞激励，更不是只谈生不谈死。事实上，我们需要先从引领孩子直面死亡开始，一方面帮助孩子了解生命的规律，一方面让孩子感受到家是安全的地方——当某个绝望的时刻来临时，这个世界上还有一个地方、有父母愿意倾听自己诉说内心的痛苦和有关死亡的念头。

曾有来自人民网、《劳动报》和新华网的数据显示：在中国，每年约有10万青少年死于自杀。每分钟就有2个青少年死于自杀，8个自杀未遂。上海地区24.39%的中小学生曾有结束生命的想法，认真考虑过自杀的占15.23%，有5.85%的孩子曾计划自杀，1.71%的中小学生自杀未遂；全国中小学生精神障碍患病率为21.6%~32.0%，高校约有20% 的大学生有心理问题……

虽然有人质疑过这些数据的准确性，但对每个可能发生危机事件的家庭来说，再微小的比例也是百分之百的创伤和灾难。所以，生命教育，必须有家庭心理危机预防体系的建立：包括一整套专业且便于理解和操作的青少年和儿童心理危机评估和干预的方法与流程，也包括父母及其他家庭成员自身的心理建设、哀伤辅导等。

2020年，我和大家一样，经历了众多的变故，同时，也尽己所能地担负着各项心理抗疫重任。6月份前后，当一个又一个孩子意外离去的消息从四面八方传来时，我在想，假如2020年下半年我只能做一件事的话，我最想做的就是尽快为缺乏心理专业背景的父母，写一本易懂易学的、有关生命教育和青少年与儿童心理危机干预的书，就像我为林紫义工团队所写的宣言那样：“尽我们的力量，让世界少一份遗憾。”

自序

写作期间的痛

开始写作后的每一天，每当我打开电脑，都会有青少年和儿童心理危机的新闻跃入眼帘，包括令人无比心痛的一个案例——一位父亲想要徒手托住跳楼轻生的15岁女儿，却不幸被砸，父女双亡……

眼看着一朵又一朵鲜活的生命之花倏然凋谢，我常常是手指伴着眼泪敲击在键盘上，渴望着尽我所能早日整理出行之有效的青少年和儿童心理危机预防之道，早日找到一种可以为生命托底的方法，让年青和幼小的心灵有地方安放。

然而，我发现：我被自己的渴望困住了——即使攒了半个世纪的人生体验，即使做了20多年的心理咨询，即使和林紫团队一起处理了上千例心理危机个案，即使多年来一直致力于促进心理学家、教育工作者和家长们的通力合作，即使如此努力，希望用文字帮助孩子和家长的速度却依然赶不上生命消逝的速度，智慧和经验也仍不足以为所有孩子遮风挡雨、化解此起彼伏的人生艰险。就像自己十多年前写过的那样：“人生是一场无人可代的修行。”我们和孩子们，终将只能亲自直面生而为人的各项考验，各自承担各自的生命历练。

那么，面对一个又一个生命带着绝望离去，我们究竟能做什么？究竟怎么做才是有意义的呢？怎么做才可以彻底回答生死话题、让每一个孩子接受真正的生命教育，爱自己、爱他人、爱每一个有灵且美的存在？

与以往每次写作时文字从心间行云流水般地涌出不同，这一次，从李娟总编辑告诉我选题确定到正式动笔，我的心整整“止语”了30天。20多年的工作经验告诉我，心理学和其他任何一门学科一样，也有它自身超越不了的局限性，也难以单一地回答人生最根本的生死问题。所以，在这30天里，我索性让心如如不动，头脑则全力以赴——变成一个不断“大爆炸”的小宇宙，而心理学、教育学、哲学、艺术、美学、社会学、人类学、天体物理学、宗教学等所有学科，则变成宇宙中一个个公转、自转的璀璨星球，企图在相互辉映中，以弦的方式共振出智慧的光波，为孩子们织出托得住他们的美好与希望的生命之网，为他们找到最根本的答案，让每一个生命都善始善终，有力量坚持到自然消亡的那一天。

然而，我又错了。

我不断反问自己：读者看完这本书、听众“听完”这七堂课以后，你敢保证他们真的从书或课中都能获得力量和汲取勇气吗？都能学到渡过心灵难关的方法吗？都能不再违背生命的自然规律，把都有难处的日子从此过得满足丰盈吗？

坐在咖啡馆窗边的我，不敢妄自作答，抬头向窗外望去：马路边，一个看起来不到3岁的宝宝，突然挣脱妈妈的双手，径自朝一位穿着制服、素不相识的清洁工阿姨走去，与阿姨面对面站着“攀谈”起来。阿姨一边惊喜地笑着，一边用手指着假装走远的年轻妈妈，示意宝宝去找妈妈。宝宝定定地望着阿姨，坚持了好一会儿，才不情愿地转身，摇摇摆摆地离开了……

想起小时候，舅舅带我们六七个表兄妹一起去公园，我们刚在草地上坐成一圈，就有一个小男孩摇摇摆摆地走过来，扑通一声坐在了我的旁边，瞬间自然成为圈子的一部分，任凭父母怎么呼唤，他都不肯离去。

我突然领悟，其实，这本书中七堂课的使命，不在于，也不可能在于彻底消灭自杀这种行为，继而拯救全人类；而在于让更多的人围成一个圈，当某个孩子遭遇了困难，他们可以安全地回到这个圈子里，安心地成为我们中的一部分。

他们，本来就是我们的一部分；而我们，本来就是一体。

放下了“拯救人类”的妄念，我释然地长舒一口气，将身体轻轻地靠向简单质朴的实木椅背的同时，想起这家店充满禅意的理念“这样就好”。这样就好，是“刚刚好”，而不是“这个最好”“那个更好”，不是追求极致的目标和过度的满足。

一同想起的，还有2018年访问泰国孤儿院时，我从孩子们身上没有感受到因为亲情缺失而造成的疏离、敏感和防范。相反，他们非常开朗和热情地与我们打成一片，主动要求和比他们大不了几岁的中国小哥哥、小姐姐们抱抱，骨子里满满的“我自信”和“我值得”。我问陪同的泰国博士，他们是怎么做到的？他想了想说，可能与前国王推行“充足经济”政策和倡导“够用就好”“适度”“负责任”消费观等有关。因为够用就好，所以大家不必因为穷而感到羞耻。2006年，联合国授予了泰国国王普密蓬“人类发展终身成就奖”，认为他提出的“充足经济”政策丰富了联合国“以人为本”的可持续发展思路。

除了泰国，率先提出“国民幸福指数”概念的不丹，也一直是我关注和赞叹的。

我曾经与不丹前首相肯赞·多吉先生就“幸福感”进行圆桌对话。事实上，在对话开始以前，我就在他身上得到了有关不丹幸福感来源的重要答案，那就是骨子里的知行合一、平静从容。我问穿着布艺民族服装的首相先生：“是什么让您和您的国家真的做到了为‘国民幸福指数’而舍弃经济发展速度呢？”首相先生缓慢而又真诚地回答：“是教育。”

回想起这些，我的“贪心妄念”再次升起，四处查找资料，希望看到这两个国家在自杀预防方面的成功经验，希望能找到一把万能钥匙，打开所有有自杀想法的人的心。结果，只找到了其他国家的自杀数据——即使在幸福指数全球排名前列的芬兰、丹麦等国家，自杀也一样是个大问题。

在一次心理学学术会议上，不同流派的十余位专家、学者一边共进午餐，一边探讨危机干预和自杀预防相关事宜。谈到自杀率不断激增的现象及其带来的社会负面影响和情绪创伤，我说：“或许，激增是因为人们将身体的死亡定义为‘生命的终点’，当感到活着的过程太累了时，就想提前到达‘终点’，然后一了百了；而创伤，则是因为文化将‘死亡’与‘丧失和悲伤’牢牢地捆绑到了一起。假如人们换个角度，对“自己”这个生命体的认知能够清晰地分层分段，不再简单地将“身体的我”等同于

“全部的我”，那么就有了更多的自我拯救机会——至少，我们还可以通过其他部分的“我”来修通，尝试获得真正的解脱，尝试活得自在、死得其所；而合乎天道的死亡，也并不一定非要悼之以哀——在生命的各个层面和阶段都活通透了的人，将会勘破生死，然后像庄子在妻子死后一样，鼓盆而歌。”

翻开这本书的读者，尤其是为人父母的朋友们，假如想快速地获取某些方法和技巧，然后照单全收地用到一地鸡毛的育儿生活里，去创造立竿见影、一劳永逸的改造奇迹的话，那么，我要说：“抱歉，让你失望了。这本书将要带给你的，不是短暂和表面的变化，而是持久与深层的成长，能够让我们的孩子在离开我们之后，依然能够珍惜生命，享受活着的乐趣。”

在我看来，生命教育不是将孩子锁进大人编织好的知识牢笼里以求安全，而是大人放下身段，回归到生命最初的样子，与孩子一起向内探索，向下扎根、向上生长，相互陪伴，共历冷暖，直面生死，活出真实的生命力。好的父母就像好的导师，是活出来的，而不是理论和工具堆砌出来的。

如果你赞同我的观点，那么，我们就可以一起前行，在陪伴孩子的同时，也让我们彼此陪伴，通过本书七堂课里的案例故事、心理解析、心理危机识别和化解练习等版块，逐步深入，为孩子也为自己搭建起智慧的危机预防体系——与其说是危机预防，不如说是自然生长。

这本书，写给每一位爱孩子、爱生命的“大人”看。希望通过文字的分享，我们这些曾经的孩子，能够真正成长为一个大写的、充满生命力的人。当孩子有需要的时候，我们可以手牵手围成一个温暖的圈，轻轻地对他说：“我在，我们在，我们一直在。”

我们活出怎样的生命状态，孩子就得到怎样的生命教育。作为“教科书”，我们的“‘活’字印刷术”如何使用、人生篇章如何编排、生死如何诠释、遵循怎样的叙事逻辑……我们的孩子就活在怎样的世界里。如果孩子的世界只有“算法”，我们又有什么理由指责和批评他们一个接一个地长成了“精致的利己主义者”或“空心人”呢？事实上，每一个“利己者”和“空心人”背后，都站着身不由己的父母、身心俱疲的老师、争创名优的学校。很多人一边制造着一浪高过一浪的“算法”，一边又被算法不断地算计着，踉踉跄跄、前赴后继，看上去都在努力奔向“更好”，可身心的状态却似乎越来越糟。

浪潮之下，大人尚且站不稳脚，何况身心稚嫩的孩子呢?

2020年10月10日是第29个世界精神卫生日。此前世卫组织总干事谭德塞宣布，新冠肺炎疫情大流行给数百万人的心理健康造成了沉重打击，全球有近10亿人患有精神障碍，每40秒就有1人死于自杀，然而只有少数人可以获得优质的精神卫生服务。在中低收入国家，患有精神疾病和药物依赖的人中，超过75%的患者甚至没有得到过任何治疗。他呼吁，全球范围内应大规模增加对精神卫生服务的投资。

这则新闻，或许你也早已关注到了。将它还原到我们每个人的生活中，“大规模增加对精神卫生服务的投资”，也一样要纳入我们每个家庭的战略发展规划中来。与其在问题发生后懊悔，不如在问题发生前行动——看一看，在全年的家庭收支预算中，有多少比例可以投资给全家人进行身心健康改善呢？在孩子的教育投资规划中，有没有预留一部分给生命教育?

缺少了生命教育，其他的一切教育都只是无根浮萍，无论堆砌多少知识和财富，也无法给孩子一个身心安定的人生，而安定比幸福更能带给人们活下去的力量和勇气——你会在后面的章节中读到相关的案例。需要说明的是，为了保护隐私，书中分享的案例，一部分是同类咨询个案虚拟或合成的，仅仅用来帮助大家更好地理解书中的要点；另一部分则来自媒体的公开报道。读到这些故事的时候，我希望大家心怀敬意，尊重故事中以生命为代价的主人公，督促更多活着的人不断反思：究竟什么是生命的意义？究竟该怎样让自己和孩子更好地活下去？

在后面的章节里，我会依次从生命、习性、物性、心性、慧性、危机以及意义七个方面介绍，尽量以大家好理解的方式一一阐述和分享。七个章节，也是七堂课，我们与孩子互为老师，相互学习；关乎心理，又不止心理；谈论死亡，又向死而生。

有趣的是，当我设计完本书的架构，意外发现正好暗合了中国传统文化中与生死密切相关的数字“七”。传说女娲七日造人，所以中国农历新年正月初七被称为“人日”——人类共同的生日。

谈论生死，并不容易。“死”这个字，是许多人的忌讳，仿佛说出来就会离危险更近一步似的。不过，学习过心理危机干预专业知识的朋友则会知道：想要挽救有自杀倾向的人，就必须认真而直接地与他们讨论死亡，而不是讳莫如深、粉饰太平，在顾左右而言他中失去宝贵的救援之机。

所以，请原谅我用了如此大段的篇幅作为序言，以释放我唯恐所言不够彻底的压力。要更深入地探究生死课题、真正实现生命教育，仅有心理学方面的知识远远不够，所以，我一直试图整合我所了解的各个学科和古老智慧，同时又担心自己心有余而力不足。好在就连我欣赏的奥地利物理学家、诺贝尔奖获得者薛定谔先生，也在《生命是什么》这本书的前言里说："一个人要想充分掌握比一个狭小的专门领域更多的知识，已经变得几乎不可能了，但人类唯一的出路是：我们当中某些人敢于对这些事实和理论进行综合，即使只有不完备的二手知识——并且冒着干出傻事的危险。"

为了孩子，我愿冒这样的"危险"、干这件傻事，愿这些文字能够抛砖引玉、集思广益，最终集结大家的智慧，一起让更多的生命之莲直面生死、次第开放、自在芬芳。

世间美好，因为你在、我在、大家在。当我试着将自己代入那位面对高空坠落的女儿、用尽生命之力张开双臂的父亲中时，当我一边写作一边不停地做着危机干预工作时，当我反复问自己究竟怎么做才能"尽我们的力量，让世界少一分遗憾"时，我的心中呈现出了这样一幅画面：一位老者挑着两桶水行走在起起伏伏的人间，桶中的水也随着他的脚步起伏波荡，有时还晃动得很剧烈，却没有水溢出来，因为水面上静静地躺着一片荷叶。荷叶虽轻，却四两拨千斤地减小了水与人的共振幅度，动静之间一片安然。

这样的画面，我的人生中从未经历过，我不知它从何而来，却瞬间得到了令自己安定和释然的答案：无论作为父母、老师还是心理咨询师，在这跌宕起伏的人间里，在这一段生命旅程里，要保护好孩子的生命之水，减少水滴的跌落溢出，我们不需祈求洪荒之力，只需要像柔软安定的荷叶一样，与孩子共在，不着痕迹地调整人世间的振荡频率，最终与世界融为一体。这样，就好。

愿这本书里的文字，也能化作荷叶一片，以笃定的方式，让每一位读到它的朋友，都找到自己内心那份四两拨千斤的安定力量。

有了这份力量，我们才可以在孩子坠落之前，托起他们朝阳般的生命，在一期一会的珍贵岁月中，朝着明亮的那方，笃定前行、自在生长。

2020年10月初稿

2022年10月修订

目录

第一课

生命是什么：为什么一个孩子会想到去死

生命教育的心相模型

我有明珠一颗，
久被尘劳关锁。
今朝尘尽光生，
照破山河万朵。

——宋代禅师 柴陵郁《悟道诗》

我们都曾想过去死，幸好最后活了下来

在一次有关心理创伤治疗的专业研讨活动中，活动带领者——一位来自美国的创伤治疗专家，先是邀请现场所有心理学家们站成一圈，然后发出了一个尖锐敏感的指令："从小到大，曾经想过'去死'的人，请向前走一步。"片刻的沉寂后，几十位心理学家纷纷向前跨出了一小步，然后相视而笑——原来，我们都曾想过"去死"啊！

我们都曾想过去死，幸好最后活了下来，所以才有了机会将生死看得更清楚，而且还可以帮助更多人活下来。

也许你会说，啊？学心理学的人果然都有病！其实不然，多数心理学家只是比其他人更早地思考人生，更关注内在体验，更想要活得明白、死得清醒而已。

比如我自己。印象中，第一次认真思考生死大事，是在五六岁的一个艳阳天。那一天，我站在家门口，望着不远处一群玩耍的小朋友，感受着太阳照得头顶暖洋洋的惬意，突然想："每个人都把自己叫'我'，所以这个世界上有无数个'我'，如果这个'我'死了，其他那些'我'还在这个世界上呀，那生和死有什么区别呢？"

百思不得其解的我，直愣愣地去找外公要答案。一开口，问题就变成了："爷爷（我对外公的称呼），你死了我要不要哭？"

外公微微一笑，捻着白白的胡须，悠然地说："你想哭就哭，不想哭就不哭喽。"

外公坦然超脱的生死态度，成为我一生取之不尽、用之不竭的心灵财富，为我奠定了最牢固的生命观，让我在后来的每一次生命考验中，都能够向死而生、从容应对。这是后话，暂且"按下不表"，先继续说回年幼懵懂的我如何探索死亡话题。

关于死亡的第二次探索，是在看一本连环画小人书时。20世纪70年代的连环画书，很多是关于"革命"的。我看的那一本，其中有一页上面写着"地主知道自己有罪，于是自杀了"。第一次看到"自杀"这个词，求知欲旺盛的我十分好奇，盯着画面看了又看。画面上，办公室的门口站着一个背着枪的背影，我跑去问姐姐："一个人站在那里不动，就叫自杀吗？"已经读小学的姐姐，笑得上气不接下气，竭尽所能地把我嘲笑了一番，然后说："傻瓜，站在那里的是警卫员，他在站岗，没有自杀！"

我悻悻地走开了，但对于"死亡"和"自杀"的好奇却有增无减，更加迫切地想搞明白生从何处来、死往何处去，想体验一下死亡究竟是怎么回事。有一次，正好听到大人们议论一个小男孩舔墙壁、吃土的怪癖，那时的人们很少知道“异食癖”，更不知道这个怪异的行为与微量元素缺乏、神经系统发育不良等生理问题相关。只听一个阿姨说：“这孩子找死呀！”我突然有了灵感——是不是舔墙壁就可以“自杀”呢？我有心偷偷体验一下，可是找了很多墙壁，最终还是觉得太脏而下不去嘴，只好作罢。

读初中的时候，我在书店里发现了一本关于死亡探秘的书，如获至宝，买回家来，却把妈妈吓着了。她东藏西藏不想让我看，但怎么也逃不过我的“法眼”。趁着妈妈不注意，我贪婪地一口气读完了整本书，激动地发现：书中记载的许多人的濒死体验，居然和我自己曾经因为缺氧而晕倒后的体验一模一样—— 一束光从上方射过来，我清楚地一边看着自己沿着光束通道上升，一边又看着一群人围着躺在地上的我手忙脚乱，还听到有阿婆在说：“掐人中！”人中一掐，我就合二为一，“嗖”的一声回到了地面上，然后清楚地听见自己就像新生婴儿一样，“哇”地哭出声来，心里既莫名其妙又莫名委屈和空虚。

描述这些给大家，不是想要故弄玄虚、传播迷信，而是想以自己为例，从心理学的角度来了解：一个孩子从什么时候开始会思考生死问题，家庭又该给予孩子怎样的支持和回应？

未知生、焉知死——活得明白，才能死得安心

通常，孩子最早接触“死亡”这一概念，大多来自与自己生活密切相关的人和物，比如，家中长辈、宠物或花草的死亡，童话故事、神话传说、电影、电视里的死亡，等等。对年幼的孩子来说，死亡本身是一个中性词，给这个词涂上灰暗、恐惧和悲伤色彩的，是大人诉说它时的表情、语气和情绪情感。假如大人谈“死”色变，尤其是逢年过节、一提到跟“死”相关的事儿，哪怕只是个谐音字，也会遭来一阵“呸呸呸”的嫌恶的话。这时孩子就会得到一个情绪性记忆：死是一件可怕的、不能谈论的事。不要小看这个记忆，它一方面会令孩子更加好奇，一方面又会在孩子心里埋下一个障碍——当有一天，他们真的难过到“想死”的时候，却不知道该跟谁诉说，谁会是自己忠实的听众。然而很多时候，仅仅是倾听本身，就可以挽回

一个珍贵的生命，避免惨剧的发生。

我在《我们内心的焦虑》这套丛书里，曾经讲过一个故事：一天半夜，一对老夫妻接到一个电话，电话那头的女孩劈头盖脸地一顿哭诉，说自己准备自杀，死前想告诉父母自己从来没有得到他们的理解，一直活得很痛苦。接电话的老太太静静地听着，没有打断女孩，直到最后，女孩渐渐平静下来，说："我现在好多了，妈妈，这是从小到大你第一次听我把话说完。你放心，我不想死了。"电话挂断了，老太太长舒一口气，对丈夫说："感谢这个打错的电话，让我知道我该为儿子做些什么了。"

故事里的女孩是幸运的，倘若不是打错了电话，或许她连说出"自杀"的机会都没有就被自己的妈妈打断了；故事里的老太太也是幸运的，倘若不是接错了电话，也许她的儿子就会是下一个想要自杀的孩子。

身为母亲和咨询师，我多么希望这样的幸运同样发生在现实生活中的孩子和母亲身上。就在写到这里的时候，我的电话也响了，一位中学老师来请教班里一位优等生突然不愿上学的事情。她说："这是一个很不错的孩子啊，待人礼貌、聪明勤奋，很有希望上重点高中的，可疫情后返校复课以来，她突然变得拖沓迟钝、无精打采，昨天连作业也没有完成，所以我请她妈妈来学校沟通了一下。结果，今天她妈妈说，她把自己关在房间里，死活不肯出来。这可怎么办？最近频频爆出学生自杀事件，万一她想不开，我岂不成了罪人？真是急死人！”

我安抚了一下老师的情绪，然后问：“孩子和妈妈平时的沟通和相处情况怎么样呢？”

老师说：“我也是昨天听她妈妈说才知道，她们母女关系一直很紧张。妈妈越是希望她早点完成作业，她就越是拖延，两人从不谈心。去年有了弟弟后，两人的关系就更疏远了。昨天整个谈话过程，几乎都是妈妈的控诉，我都插不上嘴。当时给我的感觉是，妈妈是个很强势、要求很高的人，认为孩子什么都没有做好。”

我又问道：“孩子跟爸爸的关系如何呢？平时有没有观察到或听说过孩子有过自残、自杀的极端想法和行为？”

老师说：“据说她跟爸爸关系还好。极端的表现倒没有过，也没有听她妈妈说过。”

我说：“嗯，孩子在用拖延来反抗妈妈的控制和评判，反正不管怎么做妈妈都不满意，所以索性不做了。当务之急，是建议妈妈“后退半步”、爸爸“向前半步”，跟孩子慢慢沟通。沟通的目的不是劝说，而是倾听和共情，让孩子内心积压的情绪有个出口。不管孩子说什么，只要认真听就好，不做任何评判，不讨论任何具体的问题。妈妈要做的，是管理好自己的情绪，打消让孩子马上返校的念头，先确保孩子的安全；老师能做的，则是告诉孩子，在家好好休息，落下的功课，老师随时愿意帮她一起补上。”

也许你会担心，这样会不会纵容孩子呢？事实上，对一个有自我要求的孩子来说，我们越是让渡管控权，孩子就越有空间发挥他的主动性、释放自己的生命力，而生命力，是危机预防中最需要被唤醒的力量之一。对这个女孩来说，尽管当下她的自杀风险不高，但不排除冲动行为带来意外伤害的可能，所以，任何情绪化的表达和强硬要求都必须避免。孩子最需要的，不是一张对他讲道理的嘴，而是一双愿意倾听他诉说的耳朵。

很多父母在孩子出了严重问题后，才想到来寻求心理咨询师的帮助。与在孩子面前表现出来的强势和暴怒截然相反，他们一坐进咨询室就常常“欲语泪先流”，满怀委屈与心酸。一方面，同样身为家长的我，非常能够理解父母的不易——在高焦虑的时代里，努力打拼、尽心抚育，恨不得自己能“一肩担尽古今愁”，让孩子的一生过得更幸福些，可是，越是用力，孩子却越是“不领情”；另一方面，身为咨询师，我也看到了孩子们的不易——他们初来乍到，还没调整好身心节奏以适应这个陌生的世界，就被卷入了一场“高焦虑”的比拼里，踉踉跄跄地跟着大人的脚步往前冲。冲向哪里呢？大人说：“冲向幸福。”可是，孩子的心里却在说：“我好累！能不能让我蹲下来看看蚂蚁？看看蚂蚁我其实就很幸福呀！”

其实，每个大人都曾经是孩子，都有过看看蚂蚁看看天就很满足的小确幸，只是他们走着走着就忘了，然后越来越听不懂，也越来越不愿意倾听孩子内心那些真正关乎幸福的声音了。在大人的字典里，“幸福”似乎就是“比现在更好”，所以他们不允许孩子待在“现在”。孩子刚一张嘴，大人们就常常打断说：“你懂什么！我们都是为了你好，将来你就知道了！”遗憾的是，无人倾听的孩子，有的选择成为将来的“大人”，有的则选择放弃将来。那一个个毫不犹豫纵身跃下的稚嫩生命，带走了多少没被听见的呐喊以及“生存，还是死亡”的痛苦纠结呢？

5岁和50岁，痛苦的感觉是一样的。十几年前的一天，我在上海西郊给企业高管讲完心理管理课，乘出租车回家时，遇上晚高峰，高架桥堵成了停车场。司机是一位50多岁的风趣大哥，不急不躁，一路说说笑笑，把堵车变成了一场好玩的游戏。我也跟他开玩笑说："您心态这么好，您爸妈知道吗？"没想到，这句话就像深海探测仪，触碰到了司机大哥沉入心底深处的小秘密。他收起笑容，略带忧伤地说："我的事儿，他们从来都没兴趣听，所以我在他们面前也从来不多说。小时候我养过一条鱼，死了，我心里难过呀，但又不敢当着他们的面难过，所以悄悄捧着鱼，到小区挖了一个坑，埋了，边埋边哭。咳，几十年了，这事儿我没跟任何人说过，我以为早都忘记了，其实今天讲出来心里还是有点难过的。真是不好意思，跟您说起这些陈年往事，可能因为您是第一个愿意听我讲的人。"

2018年，电影《狗十三》上映，讲述父母离异的13岁少女李玩从叛逆到成长的故事。当看到还在为失去心爱的小狗爱因斯坦而难过的李玩，却在自己的升学宴上默默吞下了大人递过来的狗肉时，我的眼泪吧嗒吧嗒地落下来，同时想起了司机大哥以及我所接待过的许许多多小来访者的成长故事。在大人"来，吃块狗肉，这是为你好"的残酷温柔里，绝大多数孩子像李玩一样，选择了妥协、放弃、隐忍与接受。吃下"狗肉"的那一刻，孩子开始如大人所愿地"长大"，而心中那颗倔强又透明的"我就是我"的信念水晶，却在悄悄冰裂、坠入尘埃。长大的孩子，甚至来不及埋葬那些虽幼稚却纯净、虽矛盾却真实、虽叛逆却有所向往的美好碎片，就带着空洞和茫然继续赶路了。去哪里？不知道。活得没有了信念，即使进了双一流高校，又怎么会不“空心”呢？

二十多年前，我为电视台策划了一档青少年心理节目，请我的一位会说中文的澳大利亚朋友Kevin来扮演“麻烦先生”，每一期都制造一些麻烦给报名参加节目的4个孩子，看每个孩子会有怎样不同的应对方法和解决模式，进而观察和分析孩子们的个性特征、家庭养育差异、人际关系、沟通力和抗逆力等。有一期的任务是：给每个孩子30元，要求他们分别去机场接Kevin回电视台。淘气的Kevin一见到接机的孩子，就要求吃冰激凌，可是机场的冰激凌一个球就要30元，如果买了冰激凌，车费就没有了。结果，第一个“听话的好孩子”乖乖地掏出自己的钱满足了Kevin；第二个不知所措的孩子四处找家长求援，第三个孩子则急哭了，埋怨节目组给的钱不够、任务不可能完成；最后一个小男孩，一副机灵古怪、不走寻常路的样子，一看就“不是省油的灯”，平日里少不了因为淘气而被大人批评，只见他一把将Kevin拽离冰激凌柜台，然后眉飞色舞、指手画脚地对Kevin说：“我知道电视台旁边有家冰激凌店，比这里好吃一万倍，还比这里便宜！你先忍一忍，等下我可以给你买两个球！”Kevin眨巴眨巴眼睛，接受了他的建议，但是又提出了新的要求：去坐出租车，以便快一点吃到冰激凌。小男孩一边拽着Kevin朝机场巴士走，一边“语重心长”地说：“你知道吗？这个巴士会经过我们上海最有特色的街道。你来上海，一定要体验一下我们上海的生活，我最喜欢坐机场巴士看风景了，你千万不要错过！出租车嘛，你以后随时可以坐，今天如果我们坐了出租，就没钱吃冰激凌了！”Kevin哈哈大笑，连躲在暗处的摄像师也忍不住一边笑，一边竖起了大拇指。

二十多年过去了，我至今还记得小男孩可爱的样子。现在的他，或许自己也已经做了爸爸，但愿他“还是从前那个少年，没有一丝丝改变”，也但愿他能为自己的孩子始终保留一个心灵的空间，用来盛放“我就是我”的信念，而不是“为你好”的“狗肉”。

当年的节目，其实受益的不仅是孩子和家长，也包括50多岁为了理想和信念而只身漂在上海的Kevin。Kevin说，他来上海是因为他想演戏，虽然只能接到一些小角色，甚至只能充当群众演员，收入也少得可怜，但他觉得很快乐，因为别人期望他成为Businessman（商界人员），可他知道自己是个Creativeman（创业人才），他就只想做他自己。《麻烦先生》这个节目圆了他的梦，让他对自己的坚持更有信心。快乐的Kevin从不掩饰真实的自己，他说，在上海，他是个贫穷的“澳巴”（澳大利亚的下里巴人），但心里的“洞”却装得满满的；回到澳大利亚，他过得会比现在宽裕，但心里的“洞”却空落落的。走在街上，他喜欢盯着美丽的女孩看，我开玩笑说：“君子走路，目不斜视。”他立刻反驳我：“君子也喜欢看漂亮女孩，但他们假装不看！”

或许你会好奇，明明在谈生命教育，怎么扯到这些陈芝麻烂谷子的事情上来了呢？事实上，借着孩子们和Kevin的故事，我想跟大家分享的一个核心观点是：生命教育，首先要允许孩子充分地感知自己的生命，感知它的独一无二、充足丰盈，而不是千篇一律、了无生机。所有关于生命教育的条条框框、理论术语、口号决心，在急功近利之下，都有可能变成扼杀生命的另一种枷锁，远不如允许孩子活在当下、诚实地做自己、爱自己，体验到自己对自己生命的自主权和责任感，来得更为真实有力。

诚实地做自己，不但没有想象的那么可怕，还有利于塑造更健康的身心。2002年，美国马萨诸塞大学心理学家、测谎专家罗伯特·费尔德曼进行过一项研究，发现60%的美国人谈话时，每10分钟至少会撒一次谎。

美国印第安纳州圣母大学心理学教授安妮塔·凯莉则主持了一项“诚实实验”，目的是“想看看更加诚实的生活是否有利于健康”。她把110名志愿者随机分成诚实组和对照组，要求诚实组在实验期间“无条件杜绝说谎，可以选择略过真相、不回答问题或保守秘密”，对照组则不做任何要求。实验为期10周，其间志愿者每周都要接受体检、测谎和人际关系状况的记录等。10周后的研究结果显示，诚实组志愿者的生理健康、心理健康及人际关系状况均有所改善，尤其是在咽喉痛、头痛和恶心等躯体症状和抱怨、紧张等心理状态方面，诚实组明显比对照组少很多。

究其原因，我们可以从生理角度加以理解：人在说谎时，会不由自主地出现由交感神经引起的血压、脉搏、呼吸和汗液分泌等生理变化，身体各个脏器要承受的内分泌毒素压力也相对更多。同时，在讲真话和说谎时，大脑活动区域不同：说谎时，大脑活动集中在中部、下部、中前部、海马区、中颞部和大脑边缘区等，这几个区域与意识、感知、抑制等情感反应相关；而讲真话时，只有前额叶、颞叶及具有纹带的脑回等区域发生活动。显然，说谎时大脑需要调遣的活动区域比说真话时更多，所以也会更费力、情绪成本更高。说谎通常会引起人的交感神经兴奋，使大脑的正常功能无法完全发挥，容易造成神经系统疾病或精神障碍。如果紧张情绪长时间得不到消除，脉搏跳动频率就会加快，血压上升，呼吸频率加快，还会引起体内白细胞数目的减少，所以免疫力也会下降。

大脑成像研究也证明了说谎对身体反应的影响。例如，说谎时人会出现焦虑的症状，这是因为说谎激活了大脑的边缘系统，这个区域在其他压力下触发了“战斗或逃跑”的反应。然而当我们诚实的时候，大脑的这个区域表现的活动会变得最小。

诚实让大脑放松，不诚实则会让大脑紧张。所以，“君子坦荡荡，小人长戚戚”。如果你有机会接触到一些严守戒律的修行者，就会发现：他们自带一种安定的力量，能够收摄你内心的各种动荡。原因之一，我想与口舌不妄语(不说谎话)、身心无冲突有很大的关系。

反观我们的孩子，在一直“假装”却又不自知的大人面前，逐渐学会了伪装乖巧、掩饰错误、揣度大人的想法、迎合标准答案，最终要么成为“精致的利己主义者”，要么成为“丧一代”，其实两条路殊途同归，都是身不由己的生存之道，而且，生存得并不好。作为大人，要让孩子在面临绝境时也能找到活下去的理由和意义，就必须要反思：我们自己活得真诚吗？我们以为能让孩子活得更好的那些教养方式，是真的在滋养孩子的生命而不是剥夺他们对活着的兴趣吗?

如果你听过历史上一些高僧大德的故事，会发现：他们清心寡欲、不妄语、不求长寿，却往往活得更长久。清末民初梁廷灿编著的《历代名人生卒年表》提供了一组数据：自公元232年到1884年的1652年间，生活在全国各地的571位高僧平均寿命达76.4岁，比历代皇帝的平均寿命高36.1岁。

这并不是说，只有让孩子都出家做僧人，才能“长命百岁”（虽然历史上的百岁高僧不胜枚举）而是借此反思：怎样活着才是真正对生命有益的？什么样的教育才可以让孩子兴致勃勃地活下去?

回到孩子身上来看，如果他们不需要通过说谎来迎合父母和老师，不需要伪装成一个乖巧听话的好孩子，往往会有更活泼自然的行动力和创造力，遇到挫折时抗逆力也会更强。这样的孩子，不会觉得做真实的自己是一件永远不可能达成的事，所以，即使遇到应激事件和高强度刺激，也较少出现“生无可恋”的极端表现。

现实中，很多父母分不清“允许孩子做自己”和“放纵孩子问题行为”之间的差别，往往在该允许的时候打压，而在该管教的时候则视而不见。比如，一个母亲曾经因为13岁儿子玩手机成瘾的问题前来咨询。儿子从小喜欢画画，但母亲觉得男孩画画没前途，不如学学计算机编程和机器人设计，所以强行给孩子报了相关的兴趣班，儿子反抗无果，于是提出一个交换条件：让母亲给他买手机，不然就让兴趣班的钱打水漂。母亲答应了，结果，一年多下来，儿子编程没学会，打游戏却上了瘾。不仅如此，母子之间的感情也越来越疏远，每当母亲试图收回手机，儿子就声嘶力竭地冲她吼：“这不是你想要的吗？！我都答应你了，你还想要我怎么样？！”

在我所接触过的游戏成瘾案例中，90%的孩子都有过类似的经历：在需要父母陪伴而父母太忙时，手机就成了他们的电子保姆；在心情不好又没人诉说时，游戏就成了他们的心灵安慰。反正现实里的自己总是受挫，从吃饭到穿衣、从学什么到做什么、从标准答案到解题思路，没有一件事是自己能够掌控的，渐渐地，他们就习惯了沉溺在虚拟的网络世界里，做幻想中的英雄和王者。一旦这个世界被打破,“活着还有什么意思”的想法就会钻进他们的脑海中,令他们时而抑郁、时而躁狂,冲动之下甚至做出伤人伤己的极端行为。

令人担忧的是,每一次极端事件曝光后,媒体和大众舆论要么谴责父母和老师,要么批判孩子太脆弱、不懂感恩,仿佛每个事件都是单一的直接原因造成的,却很少有人反思:人类发展到今天,看上去对外部世界越来越有掌控权,却为什么越来越难于自控?为什么会演变成自我伤害如此严重的物种?

如果我们从更深的层面来思考这些问题,不难发现,其实每个自杀的孩子和想要自杀的孩子背后,站着的并不仅仅是某一对父母、某一个老师,而是我们所有人——无论相识与否、距离远近、有意无意,作为人类大家族的一员,每个人的每一次参与,都可能是在为加固或者瓦解某种游戏规则而助力,都可能是在为彼此引发一场有关生命的蝴蝶效应。是时候反思:人类在这个星球上各种殚精竭虑的造作,有哪些是为了使自己更幸福繁荣,又有哪些会演变成整个物种的“集体慢性自杀”呢?

或许你会说:“我只想做个合格的家长,不想思考那么高大上的命题。”而我想说的是:要做合格的家长,就有必要了解我们自己和孩子在人类演化进程史中所处的阶段和境遇。唯有了解了群体所面临的挑战，才能更好地理解个体的困境并找寻有效的解决方案。

对于群体面临的挑战，物理学家史蒂芬·霍金生前曾撰文指出：“不用等到外星人或陨石出手，人类可能就先被滥用抗生素所产生的超级细菌灭亡了。”很多人十分关注霍金的预言，但很少有人愿意去仔细解读和反思他更为深刻的另一段警告：“人类已经步入越来越危险的时期，我们已经历了多次生死攸关的事件。由于人类基因中携带自私、贪婪的遗传密码，人类对于地球的掠夺日盛，资源正在一点点耗尽。”霍金提醒，人类所发展的科学技术可能会摧毁我们赖以生存的星球，而基因工程技术所创造的“超人”物种，则可能摧毁人类本身，因为“超人”将以更快的速度进化，而人类无法与之抗衡，只能“被死去”或丧失社会存在意义。所以，人类必须要重新审视自己的存在。

重新审视自己的存在，意味着个体要重新思考和定义从生到死的这一段生命，而群体则必须做好移民外太空、探索更大的生存空间的准备。这让我想到2020年从校园火爆到各个领域的学术名词“内卷”。内卷的英文叫作

involution，最早由德国古典哲学家康德以拉丁文形式提出，意思是“向内演化”。学生们主要用内卷来指代激烈的、过度的内部竞争。

我的理解是：在空间固定、资源有限、评价单一的情况下，每个想要获得竞争优势的人，都需要付出超过目标真实价值的更大努力和代价，但更大的努力和代价既没有拓展出更大的发展空间，也没有更好地提升整体利益，只是一直在重复着低水平的固定模式，造成更大的无谓损耗，最终形成了卷曲式的向内演化状态。每个学生都靠更极致的自我压榨和更精致的算法来换取更好的平均学分绩点(GPA)，看起来热闹，但越努力越找不到存在的价值和意义，而且会越来越深地陷入倦怠、耗竭和无望感中，因为内卷永无止境但又没有出口。没有出口，就有危机，就有了一个又一个年轻的生命通过“自杀”来主动出局，终止这场无意义的游戏。

要预防更多悲剧的发生，就需要“去内卷化”，怎么做呢？我们也许可以从霍金的警告里得到启发——如果说，移民外太空，是人类通过拓展物理空间来给身体“去内卷化”的话，那么，“重新思考和定义从生到死的这一段生命”，则是通过拓展心理空间来给心灵“去内卷化”。

假如我们可以帮助孩子将对生命的理解扩展到生死之外，可以帮助孩子从更高和更深的层面看见每一盘人生棋局的“气”和“眼”，不再拘泥于短暂的得失，那么，即使成功迟迟不来，又有什么关系呢？寂然而平凡的岁月，正好成全“有约不来过夜半，闲敲棋子落灯花”的诗意，你来或不来，我就在这里，而自杀，不再会被误解为解脱的唯一办法。

事实上，自杀从来就不是解脱的办法。一件荒谬的事是：明明痛苦的是心灵，人类却折磨和杀死自己的身体。之所以从来没人注意到这个问题，是因为长期以来，我们对生命的认知和感受都被局限在物质身体之中了，因为在智慧没有打开之前，我们只能透过身体看见自己的物性存在，却看不见真正的人生“操盘手”是我们的心性。

关于心理对生理的影响，国内外心理学家做过大量研究。统计数据显示，日常门诊中，75%左右的生理疾病是由心理原因引起的，比例最高的科室是内分泌科。世界卫生组织也宣布，至少有200多种情绪导致的疾病，而在躯体疾病的治疗中，心理因素又起着重要作用。

剧作家曹禺的女儿万方女士，曾经写过曹禺先生的一件趣事。曹禺先生不想见客，就按照家人教的说“自己生病了”。结果，一生坚持真诚的老先生，为了不说谎，最后一定会真的生一场病。

我一直在心底里珍藏着这个小故事，以此来鞭策自己像前辈艺术家们一样“将真诚进行到底”。与此同时，这个故事也常被我用来向来访者们解释身体与心理是如何相互影响和制约的，如何辨识心理的“躯体化”表达。用我在本书中提出的概念来描述，便是：我们每个人与生俱来的、物性与心性之间的关联性。

借着这个小故事，我想邀请大家一起了解一组与生命教育紧密相关的概念：习性、物性、心性和慧性。我们的七堂课，都将围绕这四个部分展开。

执我、物我、心我与慧我——建立家庭的生命教育模型

我在讲授线上课程《林紫的100堂心理课》和导读叔本华的著作《人生的智慧》时，提出过“物质我、情感我、智慧我”的“三我假说”，并搭建了“智慧—幸福”心相模型，来帮助大家了解一个人该如何发展自我、管理人生、经由智慧达至幸福。本书中，为了更好地阐述生命教

育，我将“三我”扩充为“四我”，即：执我、物我、心我和慧我，分别对应习性、物性、心性和慧性四个我所定义的生命属性，以此概括我20余年来的实践、思考、研究和整合，并作为本书的深层逻辑脉络。

为了帮助大家更好地理解，我将它们加入“心相模型”中，借着这个模型，我希望大家可以将生命教育看得更清楚。

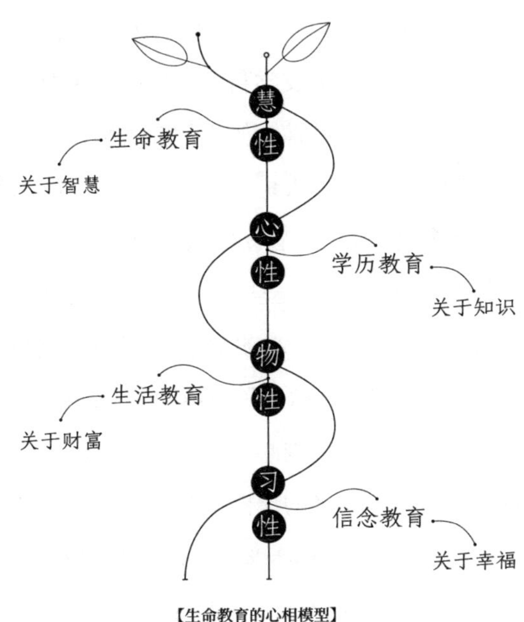

【生命教育的心相模型】

在我看来，我们以“人”的方式所展现的生命，是由习性、物性、心性和慧性四个部分组成的。要想通过生命教育来帮助我们的后代更好地活下去，就需要分别从这四个部分一一入手。

首先来看习性。这里的习性，特指我们将自己称为“人”，在与同类和其他物种及外部世界之间互动时所体现出来的特性。习性学本是生物学的一个分支，奥地利动物学家、比较心理学家康拉德·洛伦兹作为它的创立者之一，还曾荣获1973年诺贝尔生理学或医学奖。后来，人类习性学又作为新的分支学科发展出来，主要从生物学角度研究人类的行为共性。如果你有机会像我一样从心理咨询师的角度与数万人进行20余年一对一的深度心灵对话，你会发现：其实，无论人们因为什么样的烦恼和痛苦来到你的面前，最终，这些烦恼与痛苦的根本来源，都与人类与生俱来、无一例外的共同习性有关。这些习性包括：贪婪、嗔恨、愚痴、傲慢和怀疑。你若不信，不妨现在就仔细检查一下自己的内心，看一看在自己内心的最深处，这些习性是以怎样的比例存在和影响着你的过去与现在，并将如何影响你的未来。习性，让人成为人，也让人“五毒”缠身、烦恼不断——除非，在生而为人的这段生命体验中，我们能尽早认清自身的这个重要组成部分，然后怀着清晰的觉察一一对治、用一辈子的时间管理好它。

你没看错，我的意思正是：用一辈子的时间来管理习性、而不是追求幸福。生命教育的第一步，是重新梳理我们自己关于生命的信念和目标，将人生的目标从“获得幸福感”调整为“管理烦恼心”。在这充满不确定的人世间，生老病死、世事无常、苦乐参半才是真相，如果我们将人生的基调定得太高，则常常会让自己和孩子们误以为“幸福”才该是人生的常态，不幸的人生则是失败的，不值得拥有的。请以最真诚的声音回答你自己：“果真如此吗？我有没有见过一个完全幸福、从未经历过苦痛的人呢？”

这个问题，我在少女时代也问过我自己。那时，我正好在读歌德，读到“凡是让人幸福的东西，往往会成为他不幸的源泉”时，想起身边的一个女孩：她从小非常爱吃糖，在那个物质匮乏的年代，偏心的外婆每天晚上都会背着其他兄弟姐妹塞给她糖果，让她躲在被窝里偷偷享用。结果，小时候像公主一样幸福和骄傲的她，长大后却是满口龋齿，身体也严重发育不良，每每提起外婆，总是满腔埋怨……

一个人将幸福建立在何处，就可能在何处产生羁绊和禁锢。比如，对学生来说，如果因为成绩优异受人宠爱而感到幸福，那么也会因为考试失利而感到痛苦；对成人来说，如果因为事业取得成就而感到幸福，那么也会因为遭遇挫折而感到痛苦。将幸福感建立在名声财富之上的人，会因为名财的贬损而痛苦；将幸福感建立在家庭情感之上的人，会因为关系的变故而感到痛苦……除非，在我们建立幸福假设的同时，可以清醒地关照和管理好自己与生俱来的习性——贪婪、嗔恨、愚痴、傲慢和怀疑。

我们的这些习性，与其他动物的习性一样，来源于物种生存和延续过程中的长期积累与演变。或许正是因为它们的存在，才使得人类发展到今天，强大到似乎可以上天入地、随心所欲；然而也正是因为它们的存在，又使得人类弱小到连自我都难以掌控，一生陷入没完没了的烦恼。只有作为父母和老师的我们充分地认识到这一点，才能真正理解什么叫做“世界上没有完美的人”。同时，也才能真正传递给孩子们一个清晰的信念：没有人拥有完美的生活，人生总是在“快乐与无聊”以及“幸福与痛苦”之间来回切换。活着的意义不在于追求幸福，而在于完成自我——包括完成自我习性的管理、物性的建设、心性的养成以及慧性的凝聚。

有人会担心，太早告诉孩子人生之苦会不会太消极？事实上，跟孩子分享“人生哪能多如意，万事只求办称心”，远比空洞地祝福他们“永远快乐幸福”要真诚和积极得多。如果我们总是一方面祝福和允诺，一方面又破坏和伤害，孩子才真的会陷入悲观和绝望中。

习性来源于执着。数百万年的人类演化史，让“这是我，那不是我”“这是我想要的，那不是我想要的”“这是我该得的，那是我不该得的”等等执着的想法根深蒂固地烙印在了人类的集体无意识[1]中，以至于我们会一直把这些执念当作真理。被这些执念主宰、与习性对应的那个“我”称其为“执我”。如果说自杀就是一场以自己为对象的谋杀案的话，那么真正的幕后元凶正是这个“执我”。然而，执我要杀死的却不是“执我”本身，而是我们后面要谈到的“物我”；同时，执我并不会亲自动手，它派出的杀手叫作“心我”。

所以，自杀危机的预防，只有从执我开始，才是最根本的。比如，十几年前，我曾经接待过一位因为失恋而想要自杀的大二女生。在家人送她来咨询之前，她的表哥

---

1 是指瑞士心理学家卡尔·荣格提出的概念，简单来说，就是一种代代相传的无数同类经验在人类心理最深层留下的沉淀物，是人类普遍性的精神遗传。

情急之下想出了一个缓兵之计——每天都陪着女孩喝黄酒，因为“喝醉了就睡了，暂时就不会去死了。”但同时，表哥又担心：“就算不想死了，万一染上了酒瘾怎么办？”乍听起来，表哥的做法没有任何专业含量，可却有效地预防了急性自杀的发生，为进一步寻求专业帮助争取到了机会。

我们用“四我理论”来看看这一切是如何发生的：首先，执我所具的贪嗔痴习性，让女孩的心我（心理层面的我）产生了“爱别离（与所爱之人分离）”“怨憎恚（与人相处的苦恼）”和“求不得（想要又得不到）”等痛苦情绪，所以想要通过杀死物我（生理层面的我）来求得心我的解脱；而酒精，通过物我对心我发挥了暂时的镇定和转移作用，从而让自己得到了保护。要说明的是，女孩的案例仅仅用来帮助大家理解四我理论与自杀危机之间的关系，并不是鼓励大家用酒精作为危机干预工具。

事实上，女孩最终度过危机，还是依靠心理咨询，通过“心我”的情绪和认知调适，意识到真正使自己痛苦的不是失恋本身，而是失恋所唤起的执我之毒。她要杀死的，不是全部的自己，而是自己感到痛苦和无法接受的那一部分，物我不过是心我的替罪羊而已。咨询教会了她比杀死物我更有效的化解痛苦的方法，同时重建了一个可以接受的“自己眼中的自己”，这场危机才最终得以远离她。我很喜欢爱因斯坦的一句话：“你无法在制造出问题的同一思维层次上解决这个问题。”所以，站到比执我更高的地方，才是改变的开始。

再来看物性。这里的物性，指的是以身体的形式存在的、能够被看见和触碰的生命属性。人类的物性来源于世上最浪漫的相遇——父亲的精子和母亲的卵子的相遇，于千千万万细胞中“没有早一步，也没有晚一步，而是刚巧遇上了”。于是，就有了千千万万个以人的身体形态存在的生物，出现在历史长河和洪荒宇宙中。这些人形生物，在最初的两年里，虽然还没有形成自我意识，但却离自己的身体和物性最近——发育正常的婴儿。他们都会通过身体来探索和感知世界，并且会第一时间通过啼哭来传达自己身体的需要，告知抚养者自己饿了、渴了、冷了、热了。身体获得满足后，婴儿通常会安静入睡，养精蓄锐，继续发展生命的物性。

在这个阶段，人类的求生本能充分展现，换句话讲，在物性层面，不存在任何“杀死自己”的可能。假设一个人的一生中，无论遇到怎样的困难，都能像婴儿一样，随时回到物性层面与自己在一起，那么，自杀的风险也将大大降低。正因为如此，我在做现场危机干预时，会尽量争取通过安全的身体接触，来将对方带回到对身体的感知中，唤醒物我，进而获得情绪的平复。

比如，有一次我乘坐的航班正在高空飞行，坐在我后排的一位女士想要放倒座椅休息，可是两排座椅挨得太近，影响了坐在她后面的一位男士。男士敲打座椅，希望她把座椅抬高一点，可女士说："这是我的权利！既然座椅能放倒这么低，我就有权利放这么低！"男士说："你的权利不能影响我的权利！"女士突然提高了嗓门喊起来："有本事你来打我呀！你来打我呀！"男士的拳头越握越紧，眼看两人的火气升级，安保人员和空姐束手无策，我转身握住了女士的手，轻轻拍了拍她说："座椅离得确实太近了，你们都不容易！"女士愣了一下，一改刚才蛮横的态度，像孩子一样哭了起来，而男士原本处于战斗状态的身体姿势也放松了下来，向后靠了靠，嘟哝了一句："算了算了，我就不说她了！"

一场剑拔弩张的冲突化解了，而化解的关键动作是：我握住了那位女士的手。用"四我模型"来看的话，两人最初的冲突是在物性层面，本来都只是想要满足物我的需求，获得让身体更加伸展的空间。可是一开口，两个物我就搭建起一个关系舞台，让执我和心我成了主角，先是变成权利之争，接着就被情绪带入病态的关系模式里——女士“来打我”的挑衅背后，隐藏着“施虐—受虐”的成长故事，虽然细节不得而知，但解决问题的关键点却一目了然：通过身体的接触和支持，将她从情绪的裹挟中带回到当下的物性层面，让她的物我得到共情和抱持。

现在，你也可以回想一下，有没有什么时候，也有人通过身体的接触来平复过你的情绪？比如，一个及时的拥抱、一次背部的抚触、一次有力的握手。

一次在香港举行的亲子自然教育活动中，一个10岁的男孩觉得受到了不公平的对待而突然情绪失控。他的父母很难堪，试图通过说教和解释来尽快安抚他，但是越解释男孩越愤怒，甚至开始歇斯底里地叫喊起来。于是，我张开双臂走过去，将男孩紧紧揽入怀中，什么也没说，只是有节奏地轻拍他的后背，就像母亲哄婴儿入睡那样。男孩顿时安静下来，哭着说：“他们根本不懂我！”

男孩说得没错。父母常常被孩子的情绪蒙住了眼睛，只看见表面的问题，却忽视了孩子的真实感受和需求，所以，他们越是竭力想要解决问题，越容易制造出更大的问题，让孩子的身心都陷入更深的孤独无助里。在个案咨询和讲座培训中，我常常分享给父母们的法宝之一便是：当孩子情绪非常激动或低落时，唯一正确的做法是，闭上嘴巴，张开双臂，静静地给孩子一个坚定而温暖的拥抱，而不是解读“为什么”或评判“该不该”。做到这一点的前提，是允许孩子在负面的情绪里待一会儿，并且父母有勇气和智慧与孩子一起待在负面情绪里。

接着，我们谈谈心性。前几年，我在全国做了数百场有关如何培养孩子内在安全感的巡回讲座，并将讲稿整理成专著《给孩子一生的安全感》，至今，还有不少父母自发组织读书会共同研读。书中，我分享了伊朗一位女艺术家在伊拉克孤儿院拍摄的一张照片：一个没有妈妈的小女孩，在地板上画了一个想象中的妈妈，然后蜷缩在“妈妈”的怀抱里睡着了。在现场做讲座时，每当我讲到这张照片的故事，听众都会悄然落泪，而我说：“看起来，我们身边有妈的孩子比小女孩幸运得多，但其实很多时候，他们的内心也一样充满孤独和缺失感，即使成年之后，仍然觉得自己是‘有妈的孤儿’，因为妈妈的身体虽然触手可及，心却离得很远，好像一辈子都不可能跟自己真正‘在一起’。”

十几年前，一家育儿杂志做过我的封面专访，问我觉得最好的育儿方式是什么？我说："陪伴。"后来，这个观点在家庭教育领域广为流传，人人都在谈陪伴，却很少有人知道我所说的"陪伴"，是基于2008年"汶川地震三年公益心理援助"中我的深刻经验和珍贵心得——在那些特殊的日子里，我和林紫团队的伙伴们为灾区孩子和成人所做的最重要、也最有意义的事情之一，就是陪伴。我们到现在还记得林紫关怀站里，那些遭受心灵重创的孩子是如何在专业的陪伴之下一点点地恢复生命力量，重绽生命之光的。危机中的孩子需要陪伴，日常生活中的孩子、我们自己的孩子又何尝不是呢？

心性，在生命教育模型中，我对它的定义是：以情感和思维的形式存在的、无法直接被看见和触碰的生命属性。因为"觅心了不可得"，所以，与物性相比，心性常常是被忽视或忘记的，要想彼此联结，就更加不容易。

亲子之间，物性和心性分离的例子比比皆是。最常见的是，一家人外出聚餐，看起来围坐在一起，但每个人都低头玩自己的手机。等到菜端上来，第一时间不是与身边的家人分享，而是先各自拍照发朋友圈，仿佛是活给别人看，而所有的"别人"，重要性都排在家人之前。

很多孩子，小时候想跟父母聊聊蜘蛛和蚂蚁，父母却在看手机；长大一点，父母想跟他们聊聊学习，他们却已经习惯了看手机。于是大人很生气，觉得孩子万般不是，却从未反思：自己才是孩子世界的榜样。我们给他们建构了什么，他们的心性就反映出什么，仅此而已。

人类因为物我或慧我之痛自杀的很少。单纯在身体层面受伤痛苦时，人的本能反应是自救而不是自伤，同时，也更容易得到社会和他人的理解与同情；单纯在慧性层面的需求未被满足时，通常会激发出一个人更大的慈悲和忍耐力，创作出伟大的文学艺术作品，而不是自绝于世。绝大多数的自杀，都是因为心我之痛，心我之所以痛，是因为关系的缘故。

如果说，执我来自人类物种的遗传，物我来自父母精血的创造，心我则来自各种关系的构建。

如果你有机会像我一样坐在咨询室里，倾听每个前来求助的家庭的故事，也许你会惊讶地发现：亲子关系中，许多父母居然成了只能和孩子同甘，不能和孩子共苦的人。这些父母并非不爱孩子，恰恰相反，他们往往爱得比别人更用力，更希望孩子一生幸福，所以，一旦孩子状态不佳、情绪低落，他们就竭尽全力地想要立刻改变孩子，把他们拉回到自己认为的幸福状态里来。他们百思不得其解的是:“我们都已经这样努力了，他为什么还那样不开心？”伴随这样的不解，孩子的不开心就被父母看作为自己的失败，而谁又愿意一直待在失败的感受里呢？于是，说好的“陪伴”不见了，明明心里担忧孩子，表现出来的却是对孩子的：对比、抱怨、指责、乞求、拖拽等行为。最后发现无果，便破罐子破摔，“爱咋地咋地”。

陪伴孩子的痛苦，比陪伴孩子的快乐更不易，但却更重要。当代父母确实非常不易，大家承受着巨大的生活与工作压力，靠“鸡娃”[1]续命，将“只要孩子过得比我好”作为人生的信仰与意义。然而，这样的信仰和意义却很容易在孩子的各种“不好”之中凋零，让亲子关系越来越没有生机。活在没有生机和希望的关系里，是孩子决定自杀的重要原因之一。

2020年10月13日，江苏一位高二男生自杀，母亲看了遗书才知道，孩子早恋了。男孩在遗书中对父母说：“小时候你们经常不在我身边，也很少管我，你们对我

1 流行用语，指家长对孩子寄予过多期望、过度激励和加压的一种教育方式。

的认识，仅来自成绩评语和那一时半刻的相处时间，可能我对你们更多的是养育之恩的感激吧，可能爱并没有很多……”而对于班主任老师，他则说：“因为某某（女孩名），我对未来充满憧憬，也渴望得到你的认可，可是你除了看到我成绩差以外，你还能看到什么？你和某某（另一位老师）一起笑我的时候，我真的好想直接一头撞死在墙上啊！”

新闻报道下面，跟着上千条留言，有批评孩子的、讨伐老师的、指责家长的，各持己见。唯独没有人反思：在一个又一个自杀事件的背后，我们每个人是否也正在浑然不觉地推波助澜呢？

这些波澜，无时无刻不存在于我们和孩子的世界里。只要一打开手机，各种诱惑便席卷而来，让你一步步陷入更深的人性弱点深坑里不能自拔，分不清哪些是物我的实际需要，哪些则是执我的贪嗔痴与心我的混乱与迷失。人们落入永无止境的陷阱中，往往还沾沾自喜：“我又占到了便宜！我又抢到了赛道！我又涨了很多粉！”试想：假如一个孩子第一眼看到的世界，全被成人制造的各种“泡沫”诱惑所塞满，孩子又怎么会不将虚妄当作真实，怎么会不在“泡沫”破灭的时刻产生自我毁灭的念头？

万人狂欢的物欲世界，商业违背本质与初心，不再止于满足真实需求的交换，而是制造更多的贪欲，利用人性的弱点来获取更大利益。孩子，可能成为这场狂欢的牺牲品。

商业高度发达的世界，看起来一派繁荣，实际上却是一环扣一环的内卷游戏，人类将自己禁锢在自己设计的游戏规则里，付出史无前例的努力，承受史无前例的压力，换取史无前例的自欺欺人。每个人都至少有一个高价买进的“泡沫”，但都不愿意说破，因为“泡沫”已经与自我价值联系在一起。于是，心理学中的“证实性偏见”效应就开始发挥作用——为了证明自己的决策是正确的，我们不断寻找和制造更多的证据，不断加大投入以便让游戏继续下去。

每个人都在忙着这场游戏的时候又都自顾不暇。陪伴，就只是说说而已。孩子痛苦时，父母之所以更多表现出来的是不解、生气、失望、着急、委屈、抱怨，之所以没有耐心倾听孩子的心声，只是一味地想要孩子尽快改变，是因为大多数人无法面对自我怀疑和否定，不愿重新审视自己建构在“泡沫”之上的价值体系。

日常咨询中，因为“恐学症”而带着孩子来咨询的父母，占到青少年咨询案例的三分之一以上。这些孩子大多来自重点学校，而且大多都是老师父母眼中曾经的“好学生”。在这些父母看来，只要孩子能去学校，一切的痛苦就根本不算痛苦。他们经常说的是：“那么大点的人，要啥有啥，还有啥好痛苦的？跟山里的孩子比，他们承受的这点压力、挫折算什么？太不懂事了，故意跟我们作对！要说痛苦，他能比我们还痛苦吗？我们一天到晚已经够累够烦了，他还来添乱！”而咨询的目标，也常常只有一个：尽快返校。至于孩子内心的感受，“那都不是事”。

可是，让孩子走上绝路的，恰恰都是父母口中“那都不是事”的事。2020年9月17日，武汉一位14岁的男孩，在学校走廊被母亲扇耳光后跳楼身亡。我心痛的同时，反复仔细观看了这个孩子生命最后时刻的珍贵视频，希望从他的表情和动作中读到孩子内心无人倾听的独白，找寻关键时刻的救助契机，讲给更多老师和父母听，给更多生死就在一念之间的孩子争取活下来的可能性。

视频中，我看到的是一个盛怒而疲惫的母亲和一个习惯了被批评的孩子。孩子低头靠着走廊护墙站着，母亲第一巴掌打来的时候，他本能地躲闪了一下，试图用胳膊挡开；紧接着，在第二巴掌打上来时，男孩不再躲避和遮挡，任凭母亲一手按住自己的脖子将自己牢牢地“钉”在墙上，用手指戳着自己的脑门。伴随着母亲愤怒的数落和推搡，男孩有些站立不稳，但他并没有要反抗或者逃离的意思，只是抬起左胳膊，用袖子擦了一下鼻涕。监控视频里，看不到他脸上是否有泪，但这个本能的动作，却在提醒着观看视频回放的大人：他真的还是个稚气未脱的孩子！假如在那个时刻，母亲有机会从盛怒中回到理性状态，把孩子当作孩子；假如在那个时刻，已经明显情绪耗竭、自身陷入绝望的母亲有机会得到足够的支持和帮助，那么，这场悲剧或许可以避免。

然而，没有假如的机会了——接下来的视频中，男孩尽管被妈妈推搡得有些站立不稳，但还是背靠护墙，向后收了收双腿，试图站得更直一些。母亲被老师劝走后，男孩并没有立即采取轻生举动。他依然站在原地，微微仰着脸，眼睛不知望向何处。接着，又低下头看着自己的脚尖方向。一位男老师和一位女同学从旁边的教室走出来，男孩的头微微向他们的方向偏了一下，又继续低头，微仰，低头。然后，他朝着母亲离开的方向看了看。有老师和同学在教室门口进进出出，偶尔也会望一眼男孩。当其中两个男生走到教室门口时，男孩抬头看了看他们，又扭头看了看楼下，然后继续望向母亲离开的方向，保持了10秒钟才转回来，继续低头，微仰，低头，思索了30多秒钟后，第三次扭头望向妈妈离开的方向。视频显示，这一眼的时间是3分15秒。3分18秒，男孩看了看教室。3分38秒，男孩第四次望向母亲的方向。3分42秒，男孩把原本插在衣服口袋里的右手拿了出来，五指张开。3分52秒，等教室门口的男老师返回教室，男孩冷静地转身，用手撑着高及背部的护墙，爬了上去。他的每个动作都是那么安静仔细，看不出丝毫的慌张、犹豫或激动，就连4秒钟后的最后一跃，都是安静地侧着身子，以半蹲的姿势，左手撑着护墙，双腿并拢，文雅而稚气地向下蹦去，就好像他不是想要自杀，而只是想要去护墙的另一边玩耍歇息。就好像护墙的另一边，等待他的不是从5层楼坠下的高度和疼痛、不是死亡的恐惧、不是怨恨与委屈，而是一个更踏实和自由的所在。

之所以将男孩生命中最后的3分56秒仔仔细细描述给大家，是希望更多的人能够在还来得及的时候，让物我与心我同在，彼此相知、相互珍惜、默默陪伴，而不是用千千万万句“你不该（难过）、你不能（痛苦）、你不必（在乎）、你那点烦恼算什么”来否定彼此心性上的感受。当一个人连表达痛苦的权利都被否定和剥夺的时候，他又该如何继续活在这个无处容纳心性的世界里呢？

成都A4美术馆举办的iSTART儿童艺术节上，一段孩子们自己制作的动画短片《为啥想不开》曾深深地打动了我。片中的主角是一只读小学的鸭子，因为迟到被老师赶出教室，看到走廊里悬挂着的一幅幅获奖学生的头像，默默流下眼泪。或许觉得自己太糟糕了，小鸭子一把推开走廊上的窗户，坚决地跳了下去。从空中往下坠落的时候，死神出现了，问小鸭子："被老师赶出来啦？"小鸭子委屈地说："不过几分钟而已……"死神说："可是你还有二十几份试卷没有做！"小鸭子说："那还是让我去死吧！"于是，死神敲了一下它的头，小鸭子继续往下坠，却想起还有游戏可以玩。死神说："作文都不及格，还想玩游戏！"说完又敲了小鸭子一下。小鸭子一边继续下坠，一边说："可是我还不想死，妈妈今天要做大餐。"死神说："奥数题都没有做完，还想吃大餐？准备好去死了吗？！"小鸭子说："等等，我还没喂我的狗。我的狗，不管我考得好不好，都一样爱我！"于是死神决定让狗代替小鸭子去死。小鸭子愤怒极了，将背上的书包用力地扔向死神，一瞬间，几十本教科书、教辅书、习题集铺天盖地、噼里啪啦地落下，最后，居然将死神砸死了。而小鸭子，则踩着堆成小山的书籍资料安全着陆。

这个5分钟的短片，虽然没有像成人的作品那样精雕细刻，却比所有被成人加工过的剧情更真实地传递了孩子的心声。为啥想不开？不是因为一次被赶出教室，也不是因为一次考试不及格，更不是因为一次玩不成游戏或吃不成大餐，而是觉得自己太糟糕了，人生太无趣了，再也没有希望像墙上的那些优等生一样好起来了。为啥又活了下来？不是因为被表扬了，成绩变优秀了，而是因为爱。因为被狗狗无条件地爱过，所以关键时刻，保护所爱的责任感和为爱付出的生命力强烈地爆发了出来，活下来，只为了也能给狗狗无条件的爱。

这便是心我摆脱执我控制、放物我一条生路的不二法门。

最后，我们来看慧性。慧性，在生命教育模型里，我将它定义为：以超越时间和空间的形式存在，不受物种和形态限制的、与天地万物发生感应的生命属性。这种属性存在于每一个有形的生命体之中，对人类来说，慧性受人性、物性和心性的羁绊与障碍越小，就越能凝聚结晶，形成我们称为“智慧”的介于物质与非物质之间的能量所在，以光的方式由内而外地照亮人性、穿透物性、指引心性；以气的方式自下而上地托载执我、激活物我、调伏心我。

写这段话的时候，我小心翼翼、字斟句酌地表述，唯恐表述不清变成“伪科学”的例证。好在薛定谔的一段话似乎可以为我的描述加上科学的“背书”——这位曾获得诺贝尔奖的量子物理学家想尝试如何用物理学和化学来解释“在一个生命有机体的空间界限内发生的时空中的事件”；同样，作为心理学者，我也想尝试如何用心理学、物理学与东方哲学来解释这种跨时空的存在。这种存在，比物我抽象，却比心我具体，难以捕捉，但又无所不及。

如果说，人类个体的人性、物性和心性都受时空影响，有生灭变化的话，那么慧性，则会生生不息地长留天地，以爱因斯坦$E=mc^2$的方式自由转化于光和气的场域之中，达成中国古人所说的“天人合一”状态，而这部分，在我看来，恰恰是生命教育中最值得探索、释放和善加利用的。

您可能会担心，这样的描述还是不够“科学”，而我想说的是：如果我们以为“科学”就是我们现在所知和可证可见的部分，那么这样的认知本身就变成了迷信而不是科学了。事实上，爱因斯坦和薛定谔等科学大咖们，早在近百年前就开始反思：生命究竟是什么？传统科学思维模式又究竟带给了人类怎样的限制？薛定谔说：“我们的科学——希腊科学——是以客观性为基础的，它切断了对认知主体、对精神活动的恰当理解之通路。我认为这正是我们现有思维方式所欠缺的，或许我们可以从东方精神那里输一点血。”

东方精神是什么呢？薛定谔深受哲学家叔本华的影响，而叔本华深受印度古籍《奥义书》的影响。所以，薛定谔在《生命是什么》的后记中援引了《奥义书》的观点，来阐述自己关于生命是什么的终极思考。他说：“最广意义上的我，也就是说，曾经说过‘我’或者感觉到‘我’的每一个有意识的心灵——是那个按照自然定律控制着‘原子运动’的人，如果有这样的人的话。”

“这样的人”在叔本华的哲学体系中，被称为“意志”——一种最本质的存在，而“我”以及整个世界都不过是意志的表象而已。换句话讲，看上去各自独立的每个人，其实都是意志的一部分，在最本质的地方，是一体的，就像《道德经》所说："道生一，一生二，二生三，三生万物。"

万物生，所以看起来，世界上有了千千万万个不同的"我"，每个"我"又有着千千万万个不同的生命体验，有千千万万个不同的理由"活下去"或者"杀死自己"。要想实现深层的生命教育，恐怕"难于上青天"。不过好在，在中国道家文化里，还有一组概念："元神"和"识神"，最适合用来深入浅出地讨论生命教育的话题。

首先要明确的是，这里的"神"，并非宗教或者神秘主义所说的"神"，而更像是一个物理学概念，用来描述一种介于物质与非物质之间的状态，具有"波粒二象性"。"元神"，通俗地来说，可以理解为生命存在的最高主体，生命力的根本所在。元是"本来"的意思，从天道而来，又复归于天道，所以最圆满的人生状态是"天人合一"。"识神"，则是通过后天的学习而产生的，比如被火烫伤过的人，再去碰火时，会产生排斥、畏惧等心理反应。"一朝被蛇咬，十年怕井绳"，就是识神在起作用。喜怒哀乐、七情六欲等各种行为反应都在识神的控制之内。对应我们的"生命教育四我模型"的话，可以说元神就是慧我，而识神则是执我、物我和心我的三位一体。显然，"杀死自己”的念头和行为，都是识神在作祟，而只有元神足够强大，才可以管理和帮助识神脱离危险，活出“天人合一”的自然完成态。

瑞士心理学家荣格，是最早将元神、识神与心理学相结合的研究者。在仔细研究了中国道家典籍《太乙金华宗旨》后，他与德国汉学家卫礼贤一起于1929年合作出版了《金花的秘密》，在元神的基础上提出了著名的“集体无意识”的概念和理论。

《太乙金华宗旨》说：“凡人投胎时，元神居方寸，而识神则居下心。假如一日不食，心上便大不自在，至闻惊而跳，闻怒而闷，见死亡则悲，见美色则眩，头上天心何尝微微些动也。”——在我来看，天心不动，慧性俱足，则生命教育才方得始终。

从元神和慧性的角度来理解生命，可以与西方生命科学所研究的生理和心理现象相辅相成，实现道和术的统一。元神与元气、元精关系密切，“元神见而元气生，元气生则元精产”。精、气、神，虽然目前难以用现有的科学手段加以量化，但却可以被我们直观地感知到。如果我邀请你在咨询室里坐1个月，你可以清楚地看到每一位来咨询的求助者，是怎样从最初精气神的散乱状态，到逐渐提起精气神，再到一次比一次更有生机。你也可以清楚地感知到，生命能量如何在恢复了健康的求助者身上自由流淌。正如薛定谔所预言的那样，生命是沿着量子边界——经典世界与量子世界间的狭窄“溪流”——在悠然航行，而这正是生命和非生命的不同所在。

冒险跟大家谈这些深涩甚至可能产生歧义的话题，不是为了卖弄学问，生命面前，我跟大家一样永远是学习和探索者，而是为了从更系统、宏观的生命框架之下找寻能够真正发挥作用的生命教育宝藏；为了找到我们与孩子之间最深层和本质的联结，好让我们像我在序言里所说的那样“让更多的人围成一个圈，当某个孩子遭遇了困难，他们可以浑然天成地回到这个圈子里，安心地成为我们的一部分。”

慧性存在于习性、物性和心性之上，让人类有希望通过欲望来管理好自己的人生，不再因一时的困顿而违背天道，提前结束自己的生命。欲望置人于死地，慧性则让人生生不息。

慧性存在于语言之上。语言限制人的生命力，慧性则让人从万物中汲取生命力。2020年，湖南耒阳的留守女孩钟芳蓉以676分湖南省文科状元的成绩，报考了北京大学考古专业，引来全民热议。许多家长都为女孩感到惋惜，觉得她“亏了”“没前途”。然而事实上，宇宙科学、天文学、天体物理、艺术、人文、哲学、考古、地质、文物……正是这些看起来“无用”之事的滋养，才可以让慧性摆脱欲望的障碍，活得兴致勃勃，活在更大的时空之中，而孩子的慧性，常常比大人的更清澈、有力。

叙利亚导演塔拉勒·德尔基，曾拍摄过一部入围2019年奥斯卡金像奖的纪录片《恐怖分子的孩子》(*Of Fathers and Sons*)。为了能近距离观察和记录恐怖分子的生活，2014年，塔拉勒·德尔基伪装成同情圣战的战地记者，混入了一个恐怖分子家庭，和他们一起生活了两年半。这个家庭有八个孩子，身为恐怖分子的父亲，像其他父亲一样，很爱自己的孩子，但他爱孩子的方式，就是用各种方法训练他们，让他们过他认为有价值的生活，甚至包括为了极端和狂热的信念奉献自己的生命。后来，大儿子表现出色，被选中参加长期训练。二儿子则被淘汰，回家继续读书。分别前的夜晚，弟弟为即将远行的哥哥朗诵了一段课文，最后一句是：“你要教我们什么是爱与快乐，因为它们在生命中很重要。”

“教我们什么是爱与快乐，它们在生命中很重要。”

这是多么简单直接的请求，多么司空见惯的话语，可是，却多么发人深省。纪录片里的父亲，以他所相信并坚持的“爱与快乐”教导孩子，却让孩子丧失了自己的生命，也断送了他人的生命。生活中的我们，又是如何定义“爱与快乐”的呢？我们的家庭教育中，有没有包含“爱与快乐”呢？我们给孩子的是能触发他们更蓬勃、旺盛生命力的定义，还是一步步磨灭他们的生命力，令他们最终走入绝境和生无可恋的定义？

一位8岁的小学三年级女孩，因为持续做噩梦、不愿去学校，偶然流露出“不想活了”的念头，而被父母带来咨询。

她父母说：“她其实一直很优秀的，老师也很喜欢她，怎么就突然厌学了呢？真是想不通！”孩子则说：“上了三年级，连课间活动的时间都不让我们出教室，要用来赶作业和改错！难道我生来就是为了写作业的吗？那我为什么要生下来？那我为什么要活着？好不容易写完作业了，大人就会马上说，快去弹琴吧，弹琴就是玩！那大人自己为什么不去玩？！”

父母对孩子的话很不以为然，认为孩子说“不想活了”不可能是真的，因为“那么小懂什么，只不过想吓唬和威胁我们而已吧”。

我说：“即使是吓唬和威胁，我们也有必要先当真来听。就像做梦，梦中的情节是假的，做梦人的情绪却是真实的——请问两位：你们觉得，孩子费这么大的劲想要表达的，究竟是怎样的感受和需要呢？”

父母愣了一下，说：“厌烦？想偷懒？现在的小孩太脆弱了！”

我说：“也许比厌烦更严重，比偷懒更深刻，而且无关脆弱。假如两位愿意先放下对孩子的评判和期待，假设你们是孩子的咨询师而不是爸爸妈妈，你们又会听见什么呢？”

父母想了想，说：“哦，可能是痛苦和累吧？”

我点点头，继续说：“现在，请两位继续想象你们是孩子，每天都过着孩子现在的生活，又会是什么感受呢？”

父母闭上眼睛体会了一会儿，再睁开的时候，四目湿润。爸爸说：“感觉活着很没有意思。”妈妈的眼泪吧嗒吧嗒地掉落下来，哽咽着说：“原来女儿说‘不想活了’，是真的不想活了。”

我轻轻递上纸巾，又轻轻地说：“谢谢两位那么快就感受到孩子真实的状态。能不能告诉我，这样状态下的孩子，最需要父母怎么做呢？”

爸爸说：“需要父母的理解。”妈妈说：“需要一个紧紧的拥抱，需要父母带自己做开心的事情，需要他们在自己很累的时候说‘作业做不完也没关系，先休息休息，做你自己喜欢的事吧’。”

孩子和大人，虽然阅历有长短，对痛的感受却一样。不同的是，久经世事的大人，常常在孩子需要拥抱和支持的时候，用批评指责将孩子推到绝境；而孩子，却用最单纯稚嫩的方式给予父母活下来的勇气。

2018年6月10日晚上，在合肥一个小区，一位妈妈站在33楼准备跳楼，6岁的儿子在警察的陪同下来到现场，不顾一切地对着妈妈大喊：“妈妈，快过来！妈妈，加油！我来扶你！你对我那么好，你不要走，我不能丢下你，妈妈别走，求你别走，我马上就来救你！妈妈，你就像这样翻过来！好，对！然后再用两个腿。再用另一个腿，翻过来……加油，妈妈！加油，你可以的！妈妈你可以的！加油！你不是我的好妈妈吗？加油！好，就这样，妈妈，我来帮你！”

孩子最终救下了妈妈，而他的呼喊，值得每一位父母深刻反思和学习。面对孩子日常的痛苦和无助，在他们站到生死边缘之前，我们能不能像小男孩一样，放下心中的评判和对学业的担心，不顾一切地深情呼唤：“我不会丢下你！宝贝你可以的！我来帮你！”能不能像小男孩一样，一个动作一个动作地分解到位，有力地指引孩子，给他们最宝贵的支持和陪伴。

以厌学的孩子为例，父母太急切地想要孩子回到学习状态，就听不见他们内心的无助，让孩子觉得，自己连痛苦的权利也没有；同时，孩子无力达成父母“快点回学校”的心愿，又会让他们觉得更加挫败和痛苦，那么，活下去还有什么意义呢？

疫情期间，媒体就亲子冲突问题采访我。我说：“家的首要功能，本来是传递爱和建立安全感，奠定孩子过好一生的信心和勇气的。然而，太多的父母却总是将教育功能置于爱的功能之上，所以，每个家庭角色都乱作一团，冲突也就在所难免。”

我这么说，并不是否定家庭教育的重要性，而是想要像《恐怖分子的孩子》里，弟弟对哥哥所念一样，对家长说：“先教孩子什么是爱与快乐，那在生命中很重要。”

我猜，大多数家长听到这句话，要么会说：“对啊，我们就是因为爱他，希望他以后的人生多一些快乐，所以才含辛茹苦地付出那么多！”要么会说：“别给我们灌鸡汤！现在快乐了，以后怎么办？！”

我想说的是，教孩子爱与快乐，并不是让孩子不求上进，而是先给孩子的生命土壤输送足够的养分，然后陪伴他们努力向上，活成他们想要的模样。

这些年，常有“快气死了”的家长，来咨询陪孩子写作业时的情绪管理问题。我会半开玩笑半认真地说：“火气上来的时候，赶紧默念四字真言‘活着就好’。”之所以提醒大家“活着就好”，是因为太多的孩子真的可能在那一刻产生过想死的念头，而父母看不见；也是因为，太多的父母活着活着就忘了，让孩子“活得好”的前提是让孩子先有兴趣地“活下去”。所有表面上因为写作业而轻生的孩子，其实真实的死因都是他们感受不到爱与快乐，找寻不到活下去的乐趣和意义。用四我模型来解读的话，问题一目了然：父母的执我过分作用于孩子的物我和心我，过分强调识神的培养，导致孩子的慧我和代表生命力的元神不断弱化和压缩，无法再“悠然航行”下去。

2020年高考日，上海一对80多岁的老夫妇开车送孙女赶考引起大家关注。83岁的外婆说，从小学到高中，他们为孙女补课花费了100多万，希望孙女能考上清华。

“100多万”和“考上清华”，或许是长辈们所定义的爱与快乐，但长辈们所奉献的是不是真的能让孩子更加热爱生命、更好地活下去呢？

有另外一些长辈，已经开始反思并采取了不同的行动。2017年，一位上海退休教授写了一篇6000字的长文，痛批幼升小的“牛蛙战争”。教授说，在自己的外孙幼升小面试时，考官问他崇明岛在上海的哪个位置，外孙回答“在发光的地方”，结果可想而知。他写道：“虽然我也不知道他说的发光是什么意思，但我觉得并不丢脸，丢脸的是出题的这帮变态老师！”言辞虽然激烈，却激起我深刻的共鸣，想起另一座城市里的一个孩子，在幼升小时被问到“太阳从哪边升起来”时，孩子回答：“从山那边。”结果，考官事后悄悄地暗示妈妈：“你儿子是不是智力有问题？”

“发光的地方”和“山那边”，多么诗意的回答，却在“识神教育”的标准答案面前被判了死刑。一同被判死刑的，还有孩子的慧性和生命力。

教授继续写道：“小时候拼学校、拼成绩，长大后拼工作、拼家庭，老了拼孩子、拼出息。最后拼来拼去，没有拼出一个完整的世界，更没拼出一个完整的自己。我这把年龄了，已经失去了再给自己一次‘拼图’的机会，希望我心爱的外孙这次不要再错过了。现在好了，终于可以让他去另一个健康、放松的环境中，通过环境的熏陶慢慢找回原来的自己了，能有时间在田野上撒野，也有空间在课本上学到如何撒野。这曾是我梦寐以求的人生啊，事事有选择，时时有回转。他的人生该活成精彩故事，而不是励志故事。”

最令我欣赏和欣慰的，是教授文末的一段总结：“我忽然明白一个家庭传承的终极意义是什么。所谓的家学，就是让下一代，比我们更能接近真实的自己。我们积累的所有财富与资源，并不是要全部交给他，而是让他在这一切的对照之中，比我们能更快地洞察到自己真正想要的是什么，不虚掷时光与人生。在最后，我想对孩子说，‘你会在田野上长大，在河流中奔跑，我站在远远的地方向你挥手，直到你看不到我为止。我确实不知道你的未来会有什么，但我知道，你走的每一步，都是我的未来。你是我们的骄傲，也希望你能以你爸爸、妈妈、爷爷、奶奶和我为荣。所以，再见了，大上海，你给我一片星辰大海，都不如给我一个能慢点长大的小孩’。”

慢点长大的小孩，才可以享受生命的自然规律，畅快地呼吸，向着明亮那方生长，而不必急于杀死自己。

《人类简史》的作者、牛津大学历史学博士、希伯来大学历史系教授尤瓦尔·赫拉利，在一段访谈节目中说：“时代急速发展，没有人知道2050年的世界是怎么样的，所以，我们的教育里最重要的是强调情商和定静。因为我们可以确定，未来儿童需要的是不断革新自我的能力。我们要帮助孩子们建立新的个人特质。如果说传统意义上的个人特质是指打地基建房子深耕于某件事的话，新的特质就是要培养像帐篷一样的孩子，随时能扎根也随时做好迁徙的准备。因为虽然我们不知道未来会走向何方，但首先，孩子要具备行走的能力。”

这种行走的能力，就是慧性和生命里的自然流淌。流动的慧性之光，才可能集结智慧，照亮每一个至暗时刻。

用生命最根本的智慧来抱持孩子，胜过徒手去托举他们绝望坠落的身躯；从慧性之中释放光芒和气息，胜过片面地处理习性、物性和心性。如果你明白了我想要传递的生命教育之道，接下来的六节课里，你就将真正掌握行之有效的生命教育之术，并让这些“术”在你和孩子的生命花园里扎下根来，生长出更多充满力量的枝丫，开出独一无二的智慧之花。

薛定谔在生命最后一年写的一篇文章中说:“尽管我的意识领域与其他人的意识领域完全隔离，但我们经历的某些部分，即我们称之为外部的部分，在结构上有着深远的相似之处，即我们都生活在同一个世界里。这个世界里，只有一个意识或有意识的自我。”薛定谔认为，就像《奥义书》所阐述的那样，心灵的多样性“只是表面上看起来的，事实上只有一个心灵”。他说，如果“对西方思想来说，这个学说没有什么吸引力”，那是因为我们的科学“是建立在客观化的基础上的，在客观化的基础上，它切断了自己对意识主体的充分理解”。换句话讲，人类是不可能真正完全客观地认识这个世界的，因为，谈论客观化的我们本身就是主观的，而主观的我们，又是这个世界的一部分。我们既是认识的主体，又是认识的客体，如果忽略了这一点，就永远不可能触碰到世界的真相。

触碰不到世界真相的我们，又该如何教育我们的孩子活在一个充满迷茫、困惑、不确定和苦痛的世界中呢?

回到一个简单而重要的根本问题上，请回答:作为大人，你想清楚自己活着的意义了吗?这个意义是否可以支撑您度过生命的每一个至暗时刻?您是否愿意将它分享给你的孩子，并且确信它对你的孩子也同样有效?

如果你可以毫不犹豫地回答:“是!”那么,我们就可以坦然地开启第二课的学习。如果暂时还不能,那么,就请先放下家长的身段,让自己像孩子一样,从头接受生命教育,我们会在最后一课里,一起来回答这个问题。

请允许我用宋代柴陵郁禅师的《悟道诗》,来总结我们第一课探讨的内容:

我有明珠一颗,久被尘劳封锁。

今朝尘尽光生,照破山河万朵。

在我来看,生命的本质存在于慧性之中。圆满的慧性就像明珠,当它被执我、物我和心我重重关锁时,生命之光就会越来越暗淡,甚至让人感到生无可恋。而生命教育,则是帮助每个人扫除执我、物我和心我的“尘劳”,拨云见日，看见那颗属于自己的明珠，并让它重新焕发光彩，照破人生的山河，照亮每一个至暗时刻。

允许孩子活出慧性的自我，那一个个幼小的生命就可以更加鲜活、通透。

让孩子爱上活着的自己吧，这，才是真正的生命教育。

第一课，到这里就结束了。本课虽然没有立即分享知识和技巧，却是所有知识和技巧学习与运用的大前提。留给大家一道思考题：找一个不被打扰的时间，问问自己："我的父母有没有教会我爱与快乐？现在的我，是如何定义它们的？我的定义真的能够唤醒孩子的生命力，帮助他们热爱生命、热爱生活吗？"写下你的思考，带着它，我们继续前行。

第二课

被隐藏的习性：帮助孩子认识一切痛苦的根源

儿童发展与生死观的形成规律

若人欲拿金碧峰，
除非铁链锁虚空。
虚空若能锁得住，
再来拿我金碧峰。

——元代高僧　金碧峰

4岁宝贝的生日愿望：早点死掉

从第二课开始，我们将依次探索生命教育模型中人的四种属性以及对应的四个“我”，同时，针对每个我，来探讨如何开展生命教育。

开始习性的探索前，先跟大家分享一个4岁小男孩的故事：男孩是家中三代单传的宝贝，父母都是高知，年近40才喜得贵子，自然是竭尽所能地对他宠爱有加，恨不得把全天下的幸福快乐都给孩子。孩子一天天长大，可是，却似乎越来越不快乐，常常没来由地伤心大哭。父母既心疼又着急，但始终找不出原因。直到4岁生日那天，男孩当着父母的面许愿说：“我想早点死掉！”

父母吓得大惊失色、六神无主，这才想到带孩子来咨询。在他们看来，4岁还是“什么都不懂”的年纪，这个年纪的孩子想到死“太不正常了”，他们怀疑孩子是不是有先天的精神疾病，继而又捶胸顿足地自责生育年龄太晚，没能把更健康的基因遗传给孩子。

其实，听见孩子说“想死”，天下绝大多数父母都会像这个男孩的父母一样惊慌失措，以至于无法心平气和地与孩子一起讨论“为什么”。有的人会第一时间说：“呸呸呸！别说那么不吉利的话！”有的人则会说：“你瞎想什么呢！我们对你不好吗？！”还有的则说：“小小年纪，哪里学来的‘想死’？！脑子坏啦？”我还听见有的父母说：“我们一把屎一把尿，好不容易把你拉扯大，你还没有报答我们，哪里有权利去死！”

无论哪种回答，在父母来看，都是为了打消孩子想死的念头。可是，在孩子看来，得到的却是完全相反的结论：这世界上根本没人听我说话，根本没人懂我，我真的还不如死掉好！

有一个爸爸，自学了点心理咨询技术，知道“共情”很重要，所以当他听见女儿说“活着没意思”的时候，虽然心里也一样有些慌乱，但仍然故作镇静地回应说：“你有这个想法很正常，活着就是没什么意思，人生本来就没有意义。”

爸爸的本意是想让女儿觉得被理解，同时顺便灌输一些深刻的道理，好让女儿自动放弃消极的想法。然而，“故作镇静”和讲道理的“共情”并未达到预期效果。女儿听完爸爸的话以后，变得更加消极绝望，因为“我觉得爸爸的口气很轻蔑，他根本不知道我的痛苦，而且也根本不打算知道。因为在他眼里，我的痛苦根本不算什么！”

面对孩子想死的念头，父母之所以慌乱不堪、左右为难，竭尽全力却又不得要领，有两个重要的原因，我们先来谈第一个。

外显原因：不了解儿童心理发展与生死观的形成规律

孩子来到父母的生命里，就像种子落在土壤中，只要条件适宜，就会自然经历生根、发芽、抽枝、繁茂、凋零等一系列的过程，而这个过程的每一个瞬间，其实都同时包含着部分的生与部分的死。“种子”各不相同，生长环境和境遇也各有差异，但发展过程却有着基本相同的规律，都会在特定的年龄阶段遇见特定的问题，承担特定的发展任务。

如果我们仔细观察一个孩子的早期成长，会发现几乎所有人关于自己最早的好奇心，都是“我是从哪里来的”，而不是“我会到哪里去”。不过，虽然出生比死亡更愉悦，但有些思想保守的父母却仍然觉得难以启齿，所以一批又一批的孩子对于自己生命的最初认知就变成了“公路边边冒芽芽冒出来的”“垃圾桶里捡来的”“河里捞上来的”……等到一些80后、90后做了父母，这些答案又升级为“买彩票刮到的”“充话费送的”“微信‘摇一摇’摇到的”……

一代又一代的父母，用一代又一代的玩笑来化解自己的尴尬；而一代又一代的孩子，却错过了生命教育最初和最宝贵的时机。“生”尚且不能坦然谈论，更何况“死”呢？“生”得如此草率随意、可怜兮兮，“死”又有何足惜？

不珍惜自己的生，也很难珍惜他人的生；无法面对死亡，也很难跟他人讨论死亡。于是，一代又一代的孩子，只能摸着石头过河，走哪儿算哪儿地度过一生。即使在发达的信息时代，孩子可以越来越早地接触到关于“出生”的科学知识，但缺失的家庭人文关怀体验却永远地缺失了。遗憾的是，能够帮助孩子挺过生命难关、过好这一生的，不是具备了多少关于生命的知识，而是储存了多少关于生命的快乐与爱的体验。

在《给孩子一生的安全感》这本书里，我曾用专门的篇章分享了陈述性记忆和情绪性记忆对人的不同影响。

人类的记忆发展，首先是运动型记忆。比如说孩子很快就能学会吸奶，甚至很小的宝宝都会用奶瓶。到了孩子6个月左右，情绪性记忆就开始发生。所谓情绪性记忆，就是对某一件事情的情绪和情感体验所留下的烙印。

正常情况下，对孩子来说，妈妈毫无疑问是最早进入孩子情绪记忆中的人。所以，妈妈的情绪是否平稳、妈妈如何对待生命、妈妈的生死观等等，都会随着乳汁点点滴滴浸润到孩子的生命里，成为生命教育不可分割的一部分。

然而，不是每一个爸爸都是妈妈的好队友——孕期出轨、家庭暴力、“妈宝”行径，加上产妇患病率高达50%~70%的产后抑郁，当妈妈们走投无路的时候，孩子的生命教育又从何谈起呢？

一位妈妈带着7岁的儿子来咨询，原因是儿子动不动就说“妈妈我讨厌你，为什么要把我生下来”。在回忆孩子的成长经历时，妈妈想起孩子几个月大的时候，自己因为不想喝婆婆炖的汤而被老公扇了一耳光。伤心的她一边抱着孩子喂奶，一边忍不住哭泣，而孩子居然伸出了小手给她擦去脸上的泪水。时隔多年，再提起这件事时她依然泣不成声，说如果不是为了孩子，她那一刻真的想去死。

妈妈从没告诉过孩子自己的想法，孩子却将她的想法活进了现实。孩子说，如果妈妈不生下自己，她就不会不开心了，所以，自己如果从来没有出生就好了。

分享这个案例，是想要帮助大家了解：生死话题，其实在孩子学会说话以前，就已经以情绪性记忆的方式在他们的生命内部展开了，并且深刻而隐秘地影响着他们长大后的压力应对模式和冲突下的应激反应行为。如果我们只看见17岁男孩在高架桥上冲出车门，当着妈妈的面跳桥身亡的那一刻，却看不见这17年来究竟有多少负面的情绪性记忆积压在他的生命里的话，就只会轻率地得出“现在的孩子太脆弱、太冲动、太没有责任心”等结论。而这些结论，对逝去的孩子不公，对活着的孩子也没有任何帮助，更会将生命教育带入歧途。

这些年来，我都在通过每一次讲座和采访传播一个重要理念：情绪性记忆比陈述性记忆更能影响孩子一生的幸福。我们在后面的章节里会进一步探讨，如何通过情绪性记忆的改善来更好地开展生命教育。

即使没有来自原生家庭的负面情绪性记忆的影响，一个自然生长的孩子也会在不同年龄阶段，发展出对生死话题的不同认知和情绪反应。

1948年，匈牙利心理学家玛丽亚·纳吉进行了一项开创性研究。她采访了布达佩斯378名3~10岁的儿童，让他们用文字或者图画回答什么是死亡，继而总结出儿童年龄与对死亡的理解之间的关联性。纳吉研究发现3~5岁的儿童，大多会认为死亡只是去旅行了，还会回来；5~9岁的儿童，开始知道死亡的不可逆性，知道死了就回不来了，但同时又会拒绝和排斥了解关于死亡的具体知识，他们甚至认为只要够聪明就能骗过死亡，避免死亡；9~10岁的儿童，则开始明白死亡的普遍性，无法避免。人都有一死，他们自己也不例外。同时，4岁以下的孩子对于他们身边人的死亡，并没有表现出强烈的悲伤，而4岁以上的孩子则不同，他们会深深思念去世的亲人，甚至还会激动到哭泣。

瑞士被誉为“20世纪最伟大的儿童心理学家”的皮亚杰，是当前世界上对教育影响最大的心理学家之一。他提出的儿童认知发展四阶段理论，被广泛应用于20世纪的教育发展和实践中。根据这个理论，可以将儿童对死亡的认知演变过程做更为细致的划分。

第一阶段（0~2岁）：这个阶段的婴幼儿没有确切的死亡概念，认为生和死只是“在这里和不在这里”“有和没有”“存在和消失”的区别。尽管如此，死亡仍然会导致孩子产生被分离、剥夺或遗弃等情绪感受。

第二阶段（2~7岁）：这个阶段的幼儿开始认识到死亡是真实的，生者和死者会分离，死了就不动了。孩子对死亡所产生的焦虑虽然短暂但会反复出现。

同时，他们对死亡会产生一些奇特的想法，并且会以自己为中心来解释亲人的死亡，觉得是自己做错了什么才导致死亡的发生，觉得身边的一切都因自己而起。比如，我的一位6岁的小来访者，因为经常目睹父亲打母亲，对父亲既恐惧又怨恨，常在心里祈祷“爸爸快点死掉”，结果父亲有一天真的出车祸去世了，孩子就开始出现各种自残行为，觉得是自己的想法害死了父亲，所以自己也应该死掉。在最初的沙盘治疗过程中，孩子在沙盘中心挖了一个坟墓，把代表自己的小人放进去埋掉了，然后又在周围摆满了动物尸体、死神、厮杀的士兵和重重的废墟。所有这些，都是孩子内心世界的真实反映。

第三阶段（7~11岁）：这个阶段的儿童，开始知道死亡是不可逆的，每个人都会死，死亡有内在和外在原因。他们对死亡的解释往往是具象或拟人化的，同时对死亡的恐惧增加，担心自己的至亲会随着自己的长大而老死，所以有时对长大也心怀恐惧，会没来由地说“我不要长大”“妈妈你不许老”“等我长到100岁你再老”等等。也有孩子会用相反的表达来释放恐惧，比如说“我要杀死妈妈”等。如果不了解孩子内心的真实感受和想法，父母往往会被这些表达激怒或对此感到伤心，继而无法妥当地与孩子展开生死话题的进一步交流。同时，如果家中有老人去世，孩子会下意识地拿自己和同龄孩子对比，觉得不公平：“为什么他们的爷爷奶奶还在？为什么只有我没有爷爷奶奶了？是不是因为我不好？”假如父母草率应付孩子的困惑，就会再次错过生命教育的良机。事实上，孩子已经自发地将讨论生死提上了自己的发展日程，只是很少有父母会意识到孩子的真实需要，总是错误地认为“小孩子什么都不懂”，所以对孩子的需要要么敷衍了事，要么粗暴制止。

第四阶段（11岁以后）：这个阶段的青少年，开始把死亡看成是整个生命过程的一部分，对死亡既好奇又充满焦虑，喜欢看僵尸、骷髅之类的书籍和电影。有的孩子还陷入玄幻小说或游戏里，出现精神恍惚、无法专注的状态。一位13岁的男孩，他的母亲从生下他之后就开始生病，所以他比同龄人更早地体验到对死亡的焦虑，觉得家里从来都了无生机。从初中住校开始，原本在学校表现优异的他突然开始成绩下滑，上课经常走神，晚上则总是躲在被窝里看Kindle上的电子小说，欲罢不能。父母很着急，想要强行夺走Kindle，结果与孩子发生了激烈的亲子冲突，孩子冲他们大喊：“你们不就是想让我死吗？那我就死给你们看！”我问父母，是否知道孩子看的是什么小说，父亲说“不管看的是什么，影响学习就是不对的”，母亲则说只知道是玄幻的，但不了解具体内容。我给父母布置了一份作业：用一个星期的时间读一读让孩子着迷的小说，然后再来讨论如何解决问题。一星期后，父母报告说：“都是有关主人公死而复生、无所不能的内容。”我问：“结合孩子的成长经历来看，两位觉得这样的内容吸引孩子的原因是什么呢？孩子从中获得了什么样的满足？”父母陷入了沉思，良久，母亲才哽咽着说：“可能他也想要获得这样的能力吧？他希望自己无所不能，可以起死回生，这样就可以帮我了。”

所以，你看，孩子有时比我们想象的更爱父母，更焦虑父母的生死。前面提到的4岁宝贝，之所以许下“早点死掉”的生日愿望，是因为他害怕父母死在自己前面。对他来说，比死亡更可怕和更痛苦的，是失去父母。

儿童对死亡的理解随成长发育而发展。事实上，大约有48%的儿童，从4岁起就逐渐开始认识到死亡的不可逆性。他们的大脑发育做好了进一步理解死亡的准备，但父母和老师却不一定准备好了“死亡教案”，以至于生命教育常常只谈生不谈死，变成了安全教育、求生技能教学和思想政治课等。避而不谈的死亡话题，渐渐就会像“性”话题一样，让孩子感到羞耻难堪，即使心里渴望有人给自己解惑答疑、渴望在自己想到自杀时有人可以诉说，但一张口往往就只会顾左右而言他，唯恐讲了真话会被当作笑话。

父母对待死亡态度的误区，大多表现为：要么以轻视掩饰慌张，要么以厌恶放大恐惧，再或者用说教否定脆弱，而慌张、恐惧和脆弱的其实是父母自己。

回答不了生命是什么、死亡是什么、人为什么活着、死后到哪儿去等等生命哲学问题，就不可能给孩子真正的生命教育，而要回答这些问题，我们需要进一步了解隐藏在人性内核的深层状态。

内隐原因：生而为人，有漏皆苦

第一课里，我们讲到生命教育模型中的“习性”概念，特指我们将自己称为“人”时，与同类和其他物种及外部世界之间互动时所体现出来的本质特性。人生有长短，经历各不同，但当我们历尽千帆，积累了足够的智慧后，纵览自己的人生，顺着各种感受追根溯源，则会发现原来人生所有的痛苦其实都只有一个来源：习性层面的“贪嗔痴慢疑”。佛学称其为“五毒”，无论男女老幼，因为五毒俱足，所以个个生而有“漏”（烦恼）；同样，无论男女老幼，有漏皆苦，因为习性层面的执我时不时会“毒性发作”，只是智慧不够的时候，我们不但分辨不出它们，还常常将它们误作珍馐，不断拿来喂养执我。

举个我经常提到的例子：我的女儿圆子两三岁的时候，跟我一起去厦门看望在佛学[1]与心理学界均受到尊敬的济群师父。在师父那里，圆子遇到了一个4岁的小哥哥，两个小朋友很快玩到了一起，但没到一个小时，小哥哥的妈妈要带他离开了。小哥哥三步一回头，圆子则眼泪汪汪地想要留住小哥哥，我正为孩子们的纯真感动，师父在一旁微微笑了，慢慢悠悠地说：“这么快，就起了贪心哦。”

那一刻，我有如醍醐灌顶，猛地意识到：原来在我以为很美很动人的深情背后，其实也藏着从未被觉察的贪

1　本书中所有关于“佛学”“佛法”“道教”等的表述，仅与心理学、哲学等学科一起，对生命教育加以探讨，不涉及任何宗教信仰话题。

心。这份贪恋，和贪恋地位、名誉、钱财一样，都是我们烦恼的来源。

烦恼的来源，还包括自以为是的颠倒推理，心理学认知行为疗法中称其为“非理性信念”，比如总认为只有自己的想法才是对的，自己的流派才是好的，等等。

回过头来看我们前面提到的几个案例：4岁的宝贝想要死在爸妈前面，是因为动了贪心——贪图永远活在父母爱的陪伴中，所以唯恐失去；7岁男孩质问“妈妈为什么要把我生下来”，是因为动了嗔心——嗔怪父亲的暴力，嗔怪母亲的柔弱，也嗔怪自己的存在；迷恋玄幻小说的少年和因为失恋而想自杀的女大学生，则是因为动了痴心——痴迷于无所不能的幻想和“恒久远、永流传”的爱情，不愿回到现实中来。

再来看父母，当面对孩子95分的考试成绩，厉声质问“还有5分哪里去了”时，动的是贪心；当被老师叫到学校、不分青红皂白责骂孩子时，动的是嗔心；“一定要上北大、清华”，动的是痴心；“我过的桥比你走的路多，你一个小孩子懂什么”，动的是慢心；“这么简单的题都不会，你这辈子怎么办”，动的则是疑心。

用心理学方法来梳理的话，你会发现，所有的“心”

背后，都藏着深深的非理性信念。一定要上北大清华才有出路吗？大人一定比小孩子懂得多吗？不会做题的孩子真的一无是处吗……一个个信念梳理过来，问问自己：这是真的吗？答案显然是否定的，但这么明显的错误，为什么我们却往往会坚持一辈子，甚至不惜牺牲亲子关系的品质，乃至无意之间牺牲了孩子或者自己的生命呢？

如果不时时面质和反思自己与生俱来而又未被觉察的执着，我们就永远不可能给孩子真正的生命教育，因为在我们和孩子的生命之间，隔着伪装成真理的“贪嗔痴慢疑”。

这些年，除了青少年儿童心理危机和自杀事件高发以外，频发的“弑母”案也令人痛心不已。雪崩前，倘若我们日日三省，睡前整理一下自己每天的“五毒发作病历”，管理好自己的人性，很多物我和心我层面的悲剧，其实都可以通过执我的觉醒而化解掉。

生命教育，要教授的是管理生命、直面生死，过好这一期人生的学问，而这恰恰是佛学几千年来一直在做的事情。当然，我们不是一定要借助听起来有些烧脑的佛学概念，但假如你有机会像我一样，用二十多年的时间倾听人世间各种烦恼的话，你会发现：西方心理学固然提供了各种应对当下困境、探索和发展自我的方法，但如果要从更根本的层面更透彻地理解生命、解决烦恼，还需要借助东方哲学和文化中的古老智慧。就像西医擅长治“已病”，中医则“上工治未病”，更注重疾病预防和健康管理，东方先哲们也在更早的时间以更系统的方式对人间困扰做了全面的归纳和整理，并指出了各种可能的解决途径和心灵出路。心理学发展到今日，越来越多的西方心理学家开始向东方古老智慧借力，从荣格分析心理学到风靡全球的正念疗法，莫不如是。遗憾的是，“墙内开花墙外香”，在心理学刚刚开始普及的国内，这些宝贵的精神财富却还像明代文学家兼书画家徐渭所说：“笔底明珠无处卖，闲抛闲掷野藤中”。在这个信息技术和全球化主导的时代，为人父母的我们尤其要注意“三省吾身”，提防自己对生命的认知陷入“唯科学论”，忘了科学也是有局限的，而“人”本身才是生命教育的主体。

如今，人类对生命的探索已经到达了分子层面。但即便是科学家们，也坦言这些研究并没有揭示出生命的本质和规律。那些关于生命的DNA、蛋白质、中心法则等概念再科学，也无法阻止一个绝望的孩子放弃生命，重新找回活着的意义。

事实上，正如古人所说：“过河需用船，登岸不需舟。”

无论哪门学科、哪种方式，都只是帮助我们探索生命、了解自己的工具，“不贪著、无执念”才能看见更完整和深层次的生命存在。就像科学家们所言，对于生命科学的研究，现有范式难以更进一步揭示生命本质规律，必须构建新的研究范式，进行重大理论框架创新，正视人体能量信息网络的传递机制。以手指月，指非月；以“心相模型”阐述生命教育，模型也非生命本身。什么才是生命本身呢？我们自己是，我们的孩子是，世间有灵的万物也都是。

从心理学角度来说，人人都可以不断发展和完善自己，如果把人的一生看成不断接近完善的人格状态的行走和体验过程，哲学、心理学、物理学、佛学……都可以是我们心灵的渡船和工具。把心量和视野打开，多掌握和驾驭一些工具，我们就可以针对不同的处境和不同的人生阶段，选用不同的工具，就像佛学所说的“方便法门”，仅此而已。

习性层面的生命教育——调整信念，让执我得解脱

了解了生命教育中外显和内隐的两部分障碍后，我

们就可以对症下药，一花一世界地回应孩子不同年龄段里关于生死话题的需求；一念一天堂地培育新的信念种子来替代非理性信念。如何回应孩子在不同年龄段的困惑，如何处理急性或慢性的心理危机等话题，我们放到后面的章节一一展开。现在，先来看看如何正本清源，从五大烦恼根源入手，清理那些真正的“幕后杀手”。

日本心理学家、森田疗法创始人森田正马先生在《神经衰弱与强迫观念的根治法》中写道：“犹如佛家所说，‘知惑顿断如碎石，思惑难断如藕丝’。所谓知惑，即在知识方面属于认识上的失误问题，很容易解决；但思惑乃是感情上的迷惑与执着，恰如藕断后白丝仍然相连，很难一下子截然分开。因此它绝不是可以从理智上治愈的，只有在感情上能够自然地逐步恢复其 正常状态，才算治愈。”森田的意思是：要想彻底去除烦恼，就需要像佛学所说“断见思惑”，也就是断除不正确的知见和“贪、嗔、痴、慢、疑”这五项思惑。

所以，我们先试着从贪、嗔、痴这“三毒”开始，细水长流慢慢断。

说到贪，你联想到的第一幅画面是什么呢？是葛朗台扑在金币上，还是高尔基扑在书籍上？人群中，想到葛朗台式贪婪的比例，显然比想到高尔基的要多许多，因为葛式贪婪更容易被辨识，更符合人们关于人性之恶的定义。然而，比显性的“恶”更困扰日常生活的，却往往是高尔基式的看似美好的隐性的“贪”。

当然，高尔基只是一个比喻，我只想借着他的名言来跟大家分享我的觉察——就像开头讲到的圆子和小哥哥的故事，很多烦恼因贪而起，但当我们因为迷恋外在的美好而看不见内在的贪心，就会受其困扰而不自知。

比如，热恋之中想要生生世世不分离，和分手多年后还停留在过去的情感里一样，都是由于贪，都会带来无尽的烦恼和伤害。因为怕分离，所以爱得小心翼翼、提心吊胆、神经过敏，然后因为一丁点的风吹草动就陷入争吵，吵多了就真的有可能分手，而分手就满足不了“生生世世不分离”的贪欲。于是，爱或不爱都变成了烦恼障。

知识付费时代的“知识（信息）焦虑综合征”，也是一种让人烦恼而不自知的贪。比如，有的妈妈说：“为了当个好妈妈，我买了一大堆网课，结果，很多课根本来不及听，好不容易听了一些，又发现，每个专家讲的都不一样！回到生活里，面对孩子还是鸡飞狗跳、一地鸡毛！”

父母对儿女的贪，常常体现为“你还可以更好”等

"鸡娃口号"。听起来是在鼓励孩子，然而孩子得到的信息却是："我再怎么努力，也达不到父母的期待，在他们眼里，我永远都不够好！"当孩子将"永远不够好"内化为自我评价时，人生就变成了永远看不到光亮和出口的狭长隧道，这正是为什么那么多优秀的孩子选择放弃生命的原因之一。

父母对儿女的贪，还可能表现为幼小的孩子渴望自由玩耍，父母却巴不得用各种安排将孩子的时间填满，贪恋让孩子"赢在起跑线上"；青春期的孩子渴望独立的身心空间，父母却非要硬生生地把门撬开，贪恋孩子像小时候一样跟自己无话不谈……

所有的生命，都需要畅快呼吸，需要吸收和释放间的平衡，唯独人类的孩子，才会被要求不停地吸收，被人类自己打乱了生命的节奏。面对孩子的"难道我生来就是为了写作业"和"弹钢琴是玩的话，大人怎么不去玩"的灵魂拷问，父母觉得无法理解时，我请他们做了一个练习：连续吸气，不要停——结果可想而知："吸不动了，累！"

我常用一个笑话来举例：一个父亲教孩子念字母A，孩子开始死活不肯开口，后来好不容易张口念了，父亲高兴坏了，马上指着字母B问："那这个念什么呢？"孩子哇哇大哭，说："我就知道念了A还得念B！"

听懂了的父母，可以得到一个重要的启发，那就是：孩子有时候之所以不做，不是真的因为不会、不想或不喜欢，而是因为抗拒父母的贪心。假如了解到这一点后，父母把握好节奏，爱而不贪，循序渐进，那么孩子的自发性和主动性才有释放的可能。

回到生命教育的主题来看，如果不了解、不尊重生命本身的节律，那么，所有的教育都不过是伪装了的伤害而已。

当身陷亲子冲突中，难压心中怒火时，想要"教育"孩子前，我们有必要先问问自己：在冲突和怒火的后面，有没有藏着自己不知道的贪心呢?如果有，试着先减少一点点，就像调整炉灶的开关，然后看看，结果会有什么不同?

再来看嗔。如果我问你："一个人一天当中'生'的最多的是什么？"跳入你脑海中的第一个答案会是什么呢?

同样的问题，无论是在百人还是千人讲座上，听众都会异口同声地回答我："气！"

我则会半开玩笑半认真地说："看来我们都是'气'大的！其实，我们之所以生气，是因为先动了嗔念。所以，比气生得更多的是'念头'。"

有一次，我应邀在北京国家会议中心给来自全国各地的家长们举办讲座，现场来了一群特别的妈妈——她们刚刚在国外生了孩子，带着满腹的不安、困惑和迷茫结伴前来听讲。当我分享到“念头比气多”时，她们其中的一位频频点头，讲座刚一结束，她就第一个冲到台上，抓住我的手说：“林老师，我就是那种一天到晚念头特别多，每个念头都能把自己气死的人！比如听见有人说羡慕我能去国外生孩子，我就会想‘她是在讽刺我’，看见婆婆没洗手就去抱孩子，我就会想‘她就是故意来气我的’老公劝我想开点，我又会想‘他就是嫌弃我’，您说我该怎么办？”

我冲她竖起大拇指，说：“您已经很了不起了，可以做到把念头和气头分开来看。既然都能够分开了，不妨再进一步看看，所有这些念头当中，有没有什么共同点？”

这位妈妈偏着脑袋想了一下，然后两眼放光地说：“我知道了！里面都有一个‘我’字！”

其实，不仅是这位妈妈，如果我们每个人都能够将念头和气头分开来看，就会发现：那些令人生气的人和事，都是通过“我”的代入才发生作用的。当看待所有人和事都带着“我”时，执念就成了嗔念。有了嗔念，看外界就越发不顺眼，也就越发控制不住自己物性和心性的造作。

比如，前面提到的武汉那位跳楼孩子的妈妈，如果你像我一样用心观看监控视频，体会妈妈当时的身心状态，也许会听到她心底里那一刻涌起的嗔念；如果那一刻，有人能先给她一个温暖的拥抱，拍拍她的后背，或许她会先痛快地哭一场，而不是将嗔怒的巴掌挥向孩子，给自己留下终身的悔痛。

“贪嗔痴慢疑”这五种习性之中，嗔毒最甚，伤人伤己。近年来，由于夫妻争吵而导致其中一方带着孩子跳楼的案例或者由于亲子冲突而导致轻生、弑母的案例，时有发生。心理学固然能教给大家一些情绪管理和危机干预的技巧，然而要根治嗔恚心，还需要服用根本的“解药”——培养“慈悲心”。日常咨询中，我常常请来访者做一个练习：暂时从“父母—儿女”的亲子关系中跳脱出来，去除家庭角色，将彼此还原成独立的个体，然后问问自己：假如眼前这个人跟我毫无关系，我会如何看待他／她？我能否看见他／她的不易和努力？我能否像欣赏或心疼一个陌生人那样欣赏或心疼他／她？我愿不愿意包容和接纳他／她，发自内心为他／她做些事情？……

奇妙的是，去除了家庭角色的羁绊后，每一段曾经剑拔弩张、相互伤害的关系，都会忽然之间变得柔软，父母与子女不再互相贪图对方的改变，因为不贪图，所以没有了嗔怒和指责，代之而起的，正是慈悲心。只有当慈悲心在家庭中升起，每个家庭成员才有机会在生命的更深处彼此联结和陪伴。而咨询室里的练习，仅仅是一次实验，为的是让来访家庭看见摆脱习性困扰的可能性，并且鼓励他们带着慈悲心回归日常生活，每日一练，直到可以清晰地觉察关系中彼此习性的来来去去，同时可以自如地运用慈悲心来解决日常的冲突和问题。

很多时候，我们更愿意感恩陌生人的善意，却忽略了亲人给予的深情；同样，我们似乎也更愿意善待陌生人，却对亲人吹毛求疵、充满挑剔。假如同时为人父母和子女的我们，可以主动在家庭中建设起美好和慈悲的心理氛围，那么我们的孩子将会有更大概率拥有积极和强大的力量去面对人生的不易。

“慈悲心”的概念来自东方文化。如今，西方心理学家也将它装进了自己的心灵药箱里，认真研究起慈悲心对个人及团体心理健康的重要性。十多年前，我给企业讲心理文化课时，经常会分享美国斯坦福大学“慈悲和利他主义研究中心”的一项研究成果：富有慈悲心的企业文化比高压管理更能提高组织效率。[1]同样，“家庭”这个组织中，父母的慈悲心也比高压“鸡娃”更有利于生命教育。至少，有慈悲心的父母不会将“生命教育”变成另一种鸡娃工具。

嗔心让我们和世界二元对立，再聪明也只能非此即彼，二选一；慈悲心则会让我们和世界融为一体，“三个臭皮匠顶个诸葛亮”，天下智慧都是我们的智慧。

我的外公是一位禅定功夫很深的智者，但他从来不跟我说禅，跟我说得最多的是慈悲。他说：“如果有人跟你吵，你就给他搬张板凳、倒杯茶，让他坐着慢慢吵。”在他的陪伴和引领下长大的我，逐渐懂得了什么叫“只见诸苦，不见诸恶”。当我们怀着慈悲心与孩子、伴侣、父母相处的时候，嗔心真的会慢慢减少，因为我们开始看见每个人的不易，看见那些令人起嗔心的所在，恰恰是我们要下功夫自我修理之处。

自我修理的第一步，是去“我执”。不用担心做不到，一个方便法门是缩句，去掉宾语，比如把嗔心下的念头

1　参见：美国斯坦福大学“慈悲和利他主义研究教育中心”科学主任艾玛·塞佩莱（Emma Seppälä）博士所著：*The Happiness Track: How to Apply the Science of Happiness to Accelerate Your Success.*

“她在讽刺我”改为“她在讽刺吗”第二步是造句，把“我”当作主语，包括“我感觉……”“我需要……”。第三步，检查每个句子背后藏着怎样的贪嗔痴。如果你愿意，还可以走得更远一点，看见嗔心下的我慢心——我们之所以如此生气，是因为把自己看得太重了，而太看重自己的人，内心藏着深深的自卑，所以唯恐被人否定和轻视。

就像认知行为疗法中ABC 理论所说，不是人和事件本身，而是我们对人对事的看法，决定着我们的情绪反应和行为。情绪管理，先从管理嗔心开始。

最后来看痴。习性当中的痴，是指愚痴。它是一切问题的源头，是缺少智慧时心灵的黑暗，看不清自己及世界的本来面目，把身体、相貌、地位、身份、荣誉、过失等当作了“我”本身。事实上，它们虽然和我们有关，但只是暂时而不是永久的关系，比如身体会长大，相貌会衰老，地位和身份会随着境遇而改变，荣誉与过失也都终将成为历史。

比如，我曾拜访一位很有修为的尼师，当尼师谈到自己曾被大众误会和攻击的一段经历时，爽朗地笑着说：“刚开始我也苦恼过，后来突然明白了，这件事就是来帮助我彻底破除我执的啊！以前我总以为自己修得还不错，想证明自己不是他们以为的那样，其实那不过是对自己还有迷恋和愚痴罢了，事实上，‘我’是谁？‘我’不过是狗屎嘛！”

我细细回味尼师的话，渐渐悟到了“狗屎”的深意——所谓的“我”和“狗屎”一样，随他人怎么评价，都不过是因缘和合的结果，哪里需要证明呢？

不要把带着习性而来的“执我”当做全部的“我”，就不会产生“别人为什么攻击我，他凭什么抛弃我，孩子凭什么不听我的话”等痛苦。

无论从佛学的视角还是从心理学的视角来看，我们对万事万物的认识和感受，大多是我们内心的投射和幻化，那些烦恼困惑，往往都是“心相”而非“实相”，时刻牢记这一点，随时破除无明，才不会堕入习性自带的愚痴中。假如我们能够从生命之初就帮助孩子了解这一点，那么日后漫长人生路上的各种艰难险阻，也就不再会轻易让孩子产生活不下去的念头。这，正是我想要从人的习性开始来谈生命教育的原因所在。

说到破除贪嗔痴，我最喜欢讲的一个故事，是金碧峰和他的紫金钵。

金碧峰是禅宗史上一位有名的高僧，禅定功夫已经到达无念的境界，只要一入定，任何人都找不到他。有一天，皇帝送他一个紫金钵。他非常欢喜，于是对钵起了贪恋。后来，当他阳寿将尽，阎罗王派小鬼来捉他时，东寻西找就是找不到他。小鬼不知道该怎么办，于是去找土地公帮忙，土地公对小鬼说：“金碧峰什么都不爱，就爱他的紫金钵。如果你们想办法找到他的紫金钵，轻轻地弹三下，他自然就会出定，你们就可以捉他啦。”

于是，小鬼东找西找，终于找到了紫金钵，轻轻地弹了三下。紫金钵一响，果然，金碧峰出定了！他问：“谁在碰我的紫金钵？”小鬼就说：“你的阳寿尽了，现在请你到阎王爷那里报到。”

金碧峰心想：糟了！自己修行这么久，结果还是不能了脱生死，都是贪恋这只钵害的！于是，他将紫金钵往地上一摔，摔得粉碎。然后，双腿一盘，又入定去了，只留下四句流传千古的偈语：

若人欲拿金碧峰，除非铁链锁虚空。

虚空若能锁得住，再来拿我金碧峰。

这一回，任小鬼怎么找，也找不到他了。

紫金钵也好，狗屎也罢，其实都可以看作叙事心理学中的隐喻。人的习性中与生俱来的贪嗔痴，哪怕高僧也躲不过，但高僧与普通人的区别就在于：能不能觉察它们，敢不敢放下它们。放不下对紫金钵的爱和对狗屎的恶，就会将生命牢牢锁住，直至窒息而亡；放下了，它们就变成了虚空，外界再粗的铁链，又怎么能锁得住不固着一处的生命呢？

所谓高僧，也都是经由普通人修行而来，而修行，就是一场自我的生命教育。如果父母愿意将对孩子的爱升华为慈悲，将陪伴他们的过程看作自我的修行，那么，亲子关系中的“五毒”就会慢慢散去，而孩子也会在耳濡目染中学会如何慈悲地对待自己、他人和世界。

讲到金碧峰，跟你分享一个我自己的“贪痴”趣事。

2013年11月，我去温州苍南讲课，得知那里的玉苍山上有座法云寺，法云寺的开山鼻祖可能是金碧峰禅师，我顿时贪心大起，想要听到更多关于禅师的趣事。第二天，我特地起了个大早，一口气登上玉苍山，请教寺里的当家师父：“我看记载，有的说开山的是三段祖师，有的说是金碧峰禅师，他们究竟是不是同一个人呢？”师父一边煮着大锅青菜，一边笑眯眯地说：“我说是一个人，你说呢？”我说：“都是一个佛吧？但从人来说，一个宋一个明，不同朝代呀？”师父拿着大木勺，在锅里轻轻搅动了一下，说："呵呵，关于开山的三段祖师记载太少，金碧峰和尚就太有名了，所以也许当年他来过玉苍山，后人就把他算作这里的开山祖了。寺里没有记载，县志也没有，可惜了哇！"说完，他不再言语，仍旧笑眯眯地专注于煮菜，一点也没有"可惜"的样子，让我觉得再开口都是多余。水煮青菜的香味扑面而来，我在香味中顿生惭愧之心。师父守着山寺，做饭修行，并不在意开山的是谁，我路过此间，穷追猛问，如此在意，究竟想要得到什么？因为喜欢"除非铁链锁虚空"的偈语，所以总想要得到更多，原来是对智慧起了贪心啊！

感恩当家师父，让我在他的平常心中照见了自己贪心的躁动，有机会在习性层面对自己的执我加以教育和修正。

针对习性层面的生命教育，最不易，但又是最根本的。多花些工夫在这个部分，让执我得解脱，物性、心性和慧性层面的工作才可以开展得更加顺利。

具体怎么做呢？我们依然可以向佛学借智慧："勤修戒定慧，息灭贪嗔痴。"

戒，就是自律。比如，作为父母，我们可以像检查甲醛是否超标一样，每天检查自己的习性"五毒"是否已经超过了生命可以承载的范围，看清亲子矛盾背后自己应当下工夫的部分。一次只提一个要求，先处理情绪再处理问题，许孩子一段自由呼出的时空，许自己一个技能来管理愤怒……都是我们每天要做的功课。

定，就是回归本心、向内求。作为父母，要想管住愤怒，就得先管理自己的念头。每天清理心中那些非理性的信念，比如“孩子成绩不好就是我的失败”“被老师叫去学校太丢人了”“人生就是赛道，必须拼命奔跑”，等等。将人生看作赛道，是因为我们“定”的功夫不够，而定不下来的人生，没有根，即使暂时领先，最终也将耗竭生命力，身心夭折、无力回天。问问自己：我想要的究竟是什么？什么对我来说才是最重要的？父母定得下来，孩子才可能向内不断探索、向上安定成长，圆满自己的人生而不是冲刺他人的终点。

慧，是看清“自心相”和生命实相的分别，对宇宙生命有透彻圆融的了知，知道“无所得”，所以不怕“有所失”，最终“心无挂碍，无有恐怖，远离颠倒梦想，究竟涅槃”。涅槃，就是息灭贪嗔痴，断除一切烦恼后所达到的圆满的心灵境界。在大文豪苏东坡46岁时，第四个儿子出生过满月，他邀亲朋好友办“洗儿会”庆贺。回顾自己的一生，他写下一首《洗儿戏作》，总结自己的育儿哲学：

人皆养子望聪明，我被聪明误一生。

惟愿孩儿愚且鲁，无灾无难到公卿。

有人说，苏东坡聪明过头了吧？既要孩儿无灾无难，又要官至公卿，世界上哪有这么好的事？我想，这正是“苏式智慧”的所在，既讽刺了某些公卿的“愚且鲁”，又自嘲了作为父母的矛盾心情。当参悟到“公卿”其实也是虚空而并非人生真正的圆满态，就可以放下望子成龙的愚痴，坦然接纳孩子的愚鲁，只要无灾无难，到不到公卿已经不再是问题。

关于“慧”，我们会在讲到慧性层面的生命教育时，再展开详述。

第二课到这里就结束了，留给你一份作业。

拿一张A4纸，横向画出如下表格，每天晚上临睡前，用10分钟的时间，回顾一天当中自己习性中的“三毒”有没有发作，有哪些具体的念头和行为等，将它们简要地记录下来。坚持1个月，你就会修炼出强大的自我觉察功夫，让你在家庭生命教育的旅程中，坐观云起、笑看日落，让自己的心不随外境转移和躁动。

	贪	嗔	痴
星期一			
星期二			
星期三			
星期四			
星期五			
星期六			
星期日			

【习性自查表】

第三课

被忽视的物性：
“妈妈，我活不动了”

当代儿童现状：头脑跑太快，身体跟不上

身是菩提树，
心如明镜台。
时时勤拂拭，
莫使惹尘埃。

—— 唐代高僧　神秀

“妈妈，我好累，活不动了”

写作这本书的过程中，我不断接到与防止自杀相关的求助。其中一位妈妈哭着来电说：“救救我的女儿吧，她才13岁啊！”

这位13岁的女孩，刚刚从当地知名的小学考入重点中学，入学3个月不到，已经割了两次腕。妈妈说，自己怎么也想不明白，孩子怎么会走到这一步。“我们夫妻俩都是老师，感情虽然不怎么样，但从来不当着孩子的面吵架；知道不能给孩子太大压力，所以对她的成绩也没有什么要求；知道电子产品有害，所以家里连电视都不看，每天晚饭后一家人各看各的书。我觉得我们能做的都做了，为什么孩子还是变成这样了？真的太难了！”

我问妈妈：“除了看书，一家人还有什么其他共同爱好和活动吗？”

妈妈想了想，说：“没有了，我们都喜欢安静的状态，不喜欢动。尤其是今年疫情爆发以来，我们更是很少出门。不过，孩子从小就是这样啊，以前也没看出有什么问题，为什么突然就走极端了？”

我顺着妈妈的话继续问：“以前您眼中的孩子是怎

样的呢？”

妈妈说：“文静、乖巧、好学、懂事早、自我要求高、有思想、比同龄孩子成熟稳重……”

我请她具体说说“成熟稳重”都有哪些表现。妈妈说：“比如，孩子从来不去外面疯玩，从来不大呼小叫，很小就知道地上脏不能坐，在别的小孩还只知道玩泥巴的时候，她都已经会背《三字经》了。总之，在周围人眼里，她一直是个很完美的孩子，从来没让我们操过心。”

“听上去确实很完美，”我追问，“那么，她快不快乐呢？”

妈妈没有犹豫地说：“她没什么理由不快乐呀，从小到大顺风顺水，又没人批评，又不用担心成绩，又不是单亲！”

没什么理由不快乐。这是许多愿为孩子付出，愿为孩子拼搏，甚至愿为孩子隐忍的父母常常会有的表达。在他们看来，能为孩子做的都做了，孩子“该有的也都有了”，再不快乐、不幸福，就“太不应该了”。然而，正是这样的表达，却让孩子觉得，“我连不快乐的理由和权利都没有！别人不快乐了还可以大大方方地说出来，可是我不能，因为我不应该，就算说了也没人理解”。

如果我们顺着妈妈的话回溯孩子的成长经历，就会发现，在这个注重知识和思想的家庭里，孩子的头脑高度发达，然而身体的发展却没有跟上来。“不疯玩，地上脏”，看起来似乎是孩子自己的选择和判断，事实上，却是父母在教养过程中输出的价值观内化在了孩子身上。当孩子的思想过早成人化，身体却没有机会体验自由玩耍、同伴嬉戏、自然探索和适龄运动的乐趣时，对身体的感受和觉知就会越来越麻木。他们甚至会惧怕青春期的生理变化，因为那样的变化不在他们的思想掌控之中，即使具备了足够的知识，他们也仍然会因为对身体的失控感而挫败不已。尤其是在别人眼中完美的他们，面对月经初潮、清晨勃起等自然生理现象，往往会产生强烈的羞耻感和自我厌弃感，认为自己一点都不完美，同时又非常恐惧被别人看到自己的不完美，看到自己的身体其实没有头脑那么成熟老练，看似“懂事的”他们其实连自己都搞不定。

在后来的咨询中，听见女儿逐渐敞开心扉，说出这些内心独白时，妈妈愣住了。女儿哭着说：“妈妈，我其实一直好羡慕别的小孩，他们想怎么玩就怎么玩，想坐哪里就坐哪里，身体好像有使不完的劲。我也想像他们一样，但我的身体好像被捆住了一样，一点也放不开，一点也不自由，看到别人的身体都那么灵活，我连做操都担心自己出错！我也好羡慕别的小孩敢捉虫、敢爬树，而我，虽然知道的虫和树的种类比他们多，但那又怎么样？我一点也体会不到他们的快乐！每个周末，我也想像别的孩子一样，跟着爸爸妈妈去骑车、去逛街、去打球，可是，你和爸爸连话都很少说，更别说一家人一起出去玩了。家里永远都那么沉闷，我来了月经都不敢跟你多讨论，每次月经前后心情都很糟糕，身体觉得好累，脑子又停不下来地思考，作业还那么多，我觉得我活不动了。”

在我的建议下，妈妈带着孩子去了当地的专业医院，孩子在接受药物治疗的同时，父母开始制订家庭运动计划：每天散步、慢跑、晒太阳；每周骑行一次，在草地上脱了鞋走走；每月一次户外野餐，一家三口一起打打羽毛球……

看起来计划很完美，然而我知道，对这个习惯了思考、缺少生命活力的家庭来说，坚持下去并不容易，除非他们真的意识到生命的物性和心性一样重要，愿意让头脑慢下来、身体赶上去。

身体是生命教育的道场，让孩子安住在身体里

从1998年我创办国内最早的非药物心理咨询机构以来，二十多年来，大众关于心理健康的认知和重视逐渐增长，尤其是对抑郁症的探讨，越来越多地出现在媒体报道和日常生活中。

不过，高频次的出现，不一定是最准确的出现。比如，有的父母在对抑郁症一知半解的时候，将其完全等同于心理问题或者思想问题，认为只要“心里想通了”“意志力坚强了”就可以“挺过来”了。他们固执地坚持“吃药会让孩子变傻”“住院很丢人”的想法，不愿让孩子接受药物治疗。即使勉强接受了，孩子稍有好转，就立刻私自减药停药，结果导致孩子的病情反复发作，痛苦地挣扎在生死之间。

每当这个时候，我都会花尽量多的时间帮助父母们了解，面对抑郁症，心理咨询与治疗固然重要，但是生理层面的器质性病变的排查、药物的调节支持等，不但必不可少，而且必须先于心理干预。因为身体作为生命的物性所在，对于心性层面的“情绪、意志、态度”等有着重要

的支撑和影响作用。如果一个孩子的身体出了我们的肉眼无法辨识的状况，而我们却在空洞地鼓励孩子“加油、乐观、坚强、你能行”，孩子只会越来越自责，认为自己真的不行，就是“该死”。

这真的好比鼓励折了翅膀的鸟儿继续飞翔，却不给它疗伤。鸟儿有心无力，唯有望着天空放弃飞翔；而有心无力的孩子，最终放弃的可能是生命。

在抑郁症面前，没有身体比没有文化知识更可怕，因为当身体跟不上头脑中堆积的文化知识时，虚弱的“物我”便承载不了孤高的“心我”。当“心我”无法安住在身体里，对生命的无力感、挫败感和自我否定感便会与日俱增，直到有一天，习性层面的“执我”指使心性层面的“心我”，杀死物性层面的“物我”，生命一毁俱毁。

2003年4月1日，香港影星张国荣在酒店24层徘徊一小时后，坠楼身亡，让众多喜爱他的人近距离地体会到了抑郁症的可怕杀伤力。“哥哥”张国荣在生命的最后一刻写道：“Depression（抑郁症），多谢各位朋友，多谢麦列菲菲教授。这一年来很辛苦，不能再忍受。多谢唐先生，多谢家人，多谢肥姐。我一生没做坏事，为何这样？”

“我一生没做坏事，为何这样”这句话，令许多人心疼落泪，尤其是同样连自己都无法理解自己的抑郁症病友们。

关于张国荣的自杀原因，最初众说纷纭：性格、压力、情变、入戏太深……直到张国荣的大姐张绿萍女士的一段话，才真正揭示了被人们忽视的真相。“抑郁症有两种，一种是临床抑郁，因为大脑里面化学物质不平衡了，是生理上的；另一种就是大家熟悉的有不开心的事导致的。张国荣是第一种（生理上的抑郁症）。”遗憾的是，最初“哥哥”无法理解和接受自己身体的变化，他的大姐回忆说：“开始Leslie经常问我，‘我怎么会抑郁啊？我又有钱，又有这么多人疼爱我，我又这么开心’。他不认的，甚至连医生开的药也不吃。”后来的他，虽然坚持求医、用药，但最终没能摆脱疾病的折磨。

我非常赞同张国荣的医生林文杰教授的分析：“我深信他最终的行为不是他自愿或能控制的。首先，张国荣深知自己病情严重而又积极寻医，而遗书结尾的‘一生未做坏事，为何这样’更表达了他的极度无奈，以及留恋此世的意愿。”

极度无奈，正是心性对物性的感受。我最初体会到这一点，是在从事心理工作之前。那时，大学刚毕业的我，生了场医生口中“不是绝症但比绝症还麻烦”的大病，手术出院后，仍需要每天服用二十多粒西药，而且要持续两年。一段时间之后，我明显地感觉到自己的情绪变得容易波动了，于是翻出药品说明书一行行仔细看，果然发现，其中一种药物对情绪的影响比较大。找到原因，对我来说意义非凡。它意味着我可以更好地觉察和理解自己身体的变化，主动想办法保护它、帮助它，而不是责怪自己的无能为力。

意外获得的这份对生命和身体的敏锐觉知，在我后来二十多年的职业生涯中，起到了格外重要的作用，让我得以更好地帮助孩子和大人。当我回到教师的工作岗位上，发现班级里一个13岁的男孩总是被各科老师叫到办公室劈头盖脸地训斥，原因是“作业写得一塌糊涂，字都在空中飘”。有老师问他以后打算做什么，白白净净的男孩小声说：“去国外。”结果问话的老师大声嘲笑说：“就你这样，还去国外？”孩子涨红了脸，说不出话来，我在一旁很是心疼，于是把他拉到身边，试着轻轻握住他的手写字，结果发现孩子的手一点力气都没有。我立即请班主任联系他的父母，才知道孩子的爸爸是一名远洋轮船的船长，一出海就是半年；妈妈是超市经理，经常加班加点工作，顾不上孩子。我请求孩子的妈妈无论如何尽快抽时间带孩子去检查身体，告诉她和其他老师，孩子作业写得一塌糊涂并不是他的态度问题，而是身体出了问题；孩子需要的不是批评，而是帮助和照顾。

妈妈听了我的建议，带孩子检查了身体后，带回来一个不幸的消息："孩子脑部发生病变，无法根治，只能保守治疗，尽量延缓病情的发展。"

我心疼得落泪，然后听见妈妈说："我和孩子爸爸商量过了，我们都觉得您是真正爱孩子的老师，我们信任您，所以，我们想，平时能不能麻烦您，帮我们照顾一下孩子呢？我们实在是太忙了。"

我诧异到说不出话来。孩子都已经生了这么重的病，父母怎么可以做到把孩子交给别人？！

妈妈看出了我的诧异，连忙补充说："是这样的，我们希望孩子跟着您，养成好的性格和心态，这样对他以后也有好处。"

我摇摇头，说："我会尽量帮助孩子，但我不能替代二位。没有谁能够代替父母的陪伴，尤其是在孩子的身体需要照顾的时候。父母的爱，才是孩子好性格和好心态的来源。"

遇见另一个案例，是在我做了咨询师之后。一次，我从外面回咨询中心。刚踏进小楼的大门，迎面走出来一个7岁左右的男孩，他的头部做了手术，几乎有一半是瘪下去的。男孩的身后，跟着一大群家人。他们离开后，我问接待他们的咨询师："孩子来咨询哪方面的问题呢？"咨询师气愤地说："孩子都这样了，家长关心的还是怎么让他的成绩名列前茅！"我的眼泪顿时下来了（没错，我就是这么爱哭），孩子承受了那么大的身体痛苦，能活下来已经是奇迹，大人却看不到孩子付出的努力，仍然纠结着他的学习问题，这是多么令人伤感的事情！

还有一个与身体有关的案例，是一个从外地赶来求助的初二女生。从小一直是学霸的她，突然开始厌学，觉得自己变笨了，什么都搞不懂、学不进，每天的状态都像没睡醒一样。家长甚是着急，觉得是态度问题，批评、激励、哀求，各种办法用尽，依然无济于事。助理汇报了情况后，我建议为女孩安排一位有医学背景的咨询师，先全面评估一下再考虑是否进行系统咨询。初次咨询后，咨询师建议妈妈带孩子去做身体的全面检查，结果发现，女孩厌学的原因之一是营养不良导致的记忆力和注意力的下降。

最近的一个案例，是一位在我这里做了两年咨询的全职太太。两年前，她因为严重的强迫症来求助。随着咨询的进展，她的强迫症状逐渐减轻，生活慢慢步入正轨，夫妻性生活也在慢慢恢复中。就在我们打算结案的时候，她突然开始出现抑郁表现，有几次甚至情绪低落到想要自杀。她觉得非常绝望，对自己全盘否定，认为自己不争气，无论怎么努力，也不会再好起来了。我仔细评估之后，问她："恢复性生活后，你们采取的是哪种避孕措施呢？"她说："一直在吃避孕药。"我马上请她找出药物说明书，果然发现其中有关于可能引起情绪抑制等的提示。我建议她暂停服用避孕药，改用避孕套等物理方法，然后再观察1个月。1个月后，她的抑郁表现消失了。她开心地汇报说："以前觉得是我的问题，所以我特别沮丧和自责；现在知道是药的问题，我一下子就轻松多了！"

"轻松多了"是因为我们终于看见了被忽视的物性，然后就能主动想办法来帮助物我，而不再让心我受折磨。

顺便跟大家分享关于避孕药对情绪影响的相关研究，以便大家更全面地了解身体和心理、物我和心我是相互作用的。当我们陷入困境，寻求心理帮助的同时，别忘了对身体做一个全面的检查。

《神经科学前沿》(*Frontiers in Neuroscience*) 杂志上，曾发表了一项研究报告指出，口服避孕药的使用者，在解读他人情绪表达方面，准确性平均比非使用者差近10%，这可能对亲密关系中的社交互动产生影响。也就是说，口服避孕药会削弱人们识别他人情绪的能力，从而影响使用者建立和维持亲密关系的方式。虽然这项研究还需要做进一步论证，但它仍然具有重要的意义。它能及时提醒我们，影响伴侣情绪状态和关系品质的因素，有可能来自身体的变化而不仅仅是心理问题。

《美国医学杂志：精神病学分册》上，也曾发表了另一项研究成果。研究由丹麦哥本哈根大学领导，时间长达13年（自2000年到2013年），研究对象为超过100万名无抑郁症病史且年龄介于15~34岁间的荷兰女性。研究结果显示，使用激素避孕药的青春期女孩，比同样用药的年龄较大的女性更容易受到抑郁症危险因素的影响。

关于避孕药与抑郁症的相关性，目前还有许多争议，需要更多的深入研究和论证，而且大多数上市药品的不良反应发生率较低，药品说明书中也都注明了禁忌证及避免方式等。所以，并不是每个人使用后都会出现上面案例中女士的反应，只有本身有抑郁倾向或者使用后情绪明显变化的人，才有必要进一步排查是否有必要停药。

就我的咨询实践经验来看，多一份觉察和警觉，对任何有关生命安全的表现不做单一归因，是生命教育的重要原则和基本态度之一。带着这份觉察，我们更好地了解自己的生命，才能更好地教育孩子珍惜生命，理解生命从生到死的各种变化规律。

生命教育与抑郁：治疗即教育

二十多年来，我同时兼具国家认证心理咨询师和国家认证教师的双重职业身份。这两个职业都是我热爱的，因为透过它们，我可以与更多生命最本来的样子在一起。作为老师，我一直坚信：教育即疗愈。对大多数健康儿童来说，迈向健康的教育比出了问题后的疗愈更为重要。作为咨询师，我则努力在做一件看起来相反的事：让疗愈变成教育——生命最根本之教育。我常对来访者打的一个比方是心理咨询室就像开满鲜花的“生命实验室”，各种心理问题和困惑则是“实验品”，咨询师和来访者一起工作，通过设定实验目标、调整情绪温度、更换认知试管、添加人生颜料、记录实验过程、撰写实验报告、应用实验成果、获取阶段数据、形成新的目标等方式，度过一段特别的生命时光。这段时光，觉察人性、滋养物性、调整心性，最后，提纯、结晶，形成量子级别的慧性存在——智慧之气息与光芒。

“世事由来多缺陷，幻躯焉得免无常。”我也常跟来访者探讨：人生就是练习，我们解开一道一道难题，都是在为最终的“期末”考试，死亡，做准备。在这一期的人生学习中，平日认真审题答题的人，因为清醒地活过、体验过，所以面临死亡时，可以从容自在，毫不慌张。所以，活过这一生的整个过程，就完成了这一期的自我生命教育；而自杀，则是在还没有修完功课、没有做好准备的时候，匆忙赴考，草草交卷。看起来，习性、物性和心性都得到了解脱，然而按照宇宙间的能量守恒定律，它们在这个“学期”里落下的功课，则早晚得由慧性来补，尤其是在天地法则中。虽然科学家们还无法回答“人死之后到哪去”这个问题，但从爱因斯坦开始，越来越多的研究者开始相信，人死之后，意识会以具有波粒二象性的量子形式继续存在于宇宙中。虽然对大多数人来说，这有点像天方夜谭。但我想，在有关生命的议题之下，所有最新研究和观点都值得被关注，因为我们唯有不断突破生而为人的认知与经验的局限性，才有“资格”与孩子讨论生命教育。从整个宇宙角度来看，自杀预防和危机干预的意义，不仅仅在于挽救个体的生命，处理个别的创伤，也在于减轻天地之间的怨气和浊气，让每一个生命顺利通过每一个“学期”的考验。

我知道，分享这些内容，要冒着被误会为“伪科学”和“神棍”的风险，但我宁愿冒险被误会，也不敢“私藏”这些与生命教育相关的重要讯息。就像2019年12月，疫情爆发前，我曾在给一位编辑的稿件中提到，“不久的将来，越来越多的人会在家办公。办公室、写字楼、公司组织等等我们习以为常的某些存在，可能最终会渐渐地从我们的生活中弱化、消失，取而代之的，是一种新的联结方式”。年轻的编辑或许觉得有些不可思议，所以在正式发表时删除了这段话。然而几个月后，真的有越来越多的人开始“在家办公”。疫情只是催化剂而已，真正起作用的，是人类自身的发展规律。2020年10月，美国一家名为ETR（Enterprise Technology Research）的调查机构发布的数据也显示：到2021年，全球有34%的员工将永久在家办公。[1]

1 截至本书出版之前，亚马逊公司已宣布将无限期允许员工在家办公，微软公司的员工则只要得到经理批准，就可以有50%以上的时间远程工作。来自网易科技的一篇报道显示：2022年3月，匿名员工社区应用Blind对3019名员工进行的一项调查发现，亚马逊、微软和谷歌等公司64%的员工宁愿在家工作，也不愿加薪3万美元前往办公室。

你可能会问：在家办公和生命教育有关吗？我想说，有关。当越来越多的人选择将物我安置在私密的空间里，也就意味着，越来越多的相遇，要在慧我层面以“量子纠缠”的方式发生。所以，我们才更要及早通过生命教育，帮助孩子熟悉自己生而为人，执我、物我和心我的存在，以便在这三个“我”有需要的时候，可以自我照顾或者及时求助。

作为心理咨询师，我们常常在大家非左即右的两极化思维中工作。如果说，20年前的许多父母，因为不懂心理学知识而只知道给孩子吃饱穿暖、注重物质满足、忽略精神需求的话，那么现在的一些父母，则带着“所知障[1]”走向另一个极端：注重知识、头脑的学习，强调心理建设，却忽略了身体对心理的反作用力。

许多带着孩子来咨询的父母，常常感到特别无法理解和接受的是：“要说压力，我们比他压力大多了，我们都没有抑郁！小小年纪，除了学习那点事儿，其他什么都不用操心，还有啥不快乐的？”

其实，这些来咨询的孩子，恰恰正是因为生活中只有

1　指以为自己知道了很多，却恰恰不知道最该知道的。

“学习那点事儿”，人生发展才出了问题。TED演讲大会上，美国知名作家安德鲁·所罗门，做过一场名为“抑郁，我们各自隐藏的秘密”的演讲，与听众分享他人生中三次与重度抑郁抗争的经历。作为曾经的抑郁症患者，他总结的一句话，值得所有父母想要对孩子进行生命教育时牢记：“抑郁的反面，不是快乐，而是活力。”

安德鲁说，他一度认为自己非常坚强，是那种即使被送去集中营也可以存活下来的人。1991年，他经历了一连串的不幸：母亲去世、爱情终结、海外漂泊……但他依旧安然无恙。然而3年后，他突然发现自己对几乎所有事都失去了兴趣，甚至不愿意做曾经很想做的事情。他不知道为什么，觉得活力正从自己的身体中慢慢消失。所有需要完成的事、要见的人、要说的话，都让他感觉非常麻烦。明明知道自己的感觉很荒谬，但就是被这种感觉牢牢掌控着，时刻感到惧怕又不知道自己在怕什么，找不到任何解决方式。

安德鲁说，后来，他在父亲的帮助下开始接受治疗，并且每天吃药，但他又开始想：“那些药物让我变得更像自己，还是更不像自己？”

这个问题，也是许多抑郁症儿童家长们最为关心的。

他们之所以冒着孩子自杀的风险，总想擅自让孩子停药或出院，除了心疼孩子外，还担心药物的副作用使孩子再也不能成为自己理想中的孩子，从此不可逆地变傻变笨。

作为从事非药物心理咨询的工作者，面对中度或重度抑郁的来访者，我会坚持：必须在接受药物治疗的同时，再来接受心理咨询与治疗。原因下面会详细说明。

· 抑郁症的高自杀风险

2001年，世界卫生组织曾发表了一份题为《精神卫生：新理解，新希望》的报告，指出抑郁症在当时已成为世界第四大疾患，全世界共有3.5亿名抑郁症患者，有15%的严重患者选择以自杀来结束生命，2/3的患者曾有过自杀的念头，每年因抑郁症自杀死亡的人数估计高达100万。到2020年，就疾患造成的负担来说，抑郁症可能成为仅次于心脏病的第二大疾患。

那么，实际情况如何呢？2020年8月27日，世卫组织宣布了一组令人震惊的数字：新冠肺炎疫情冲击着人们的精神健康，全球近10亿人受到精神问题的影响，平均每40秒就有1人死于自杀。

抑郁症，已经成为威胁人类生命的首要致残原因和主要杀手，并成为全球15~29岁人群的第二大死亡原因。2019年，中国学者在《柳叶刀·精神病学》上发表研究文章，指出中国有超过9500万抑郁症患者。另外的调查研究则进一步显示，有近3000万儿童和青少年曾经或正遭受情绪障碍的困扰，青少年抑郁症终身患病率已达15%~20%，接近于成人。

单看数据，或许我们还没有切肤的紧迫感，结合2020年以来频繁报道的青少年自杀案例来看，为人父母的我们就可能坐卧难安。假如再具体到自己的孩子，具体到他们的日常言行，那么，每个父母恐怕都迫切需要被训练成“家庭危机干预专员”，在抑郁症击垮孩子之前，伸出我们强有力的双臂，挡在死神与孩子之间。

这不是危言耸听。事实上，太多的家长会忽略青少年抑郁的存在，将孩子的食欲减退、疲乏无力、入睡困难、情绪激动、自残自伤等表现，误判为“不听话、偷懒、威胁、故意跟大人做对”，等等。即使医生已经给出了抑郁症的诊断，仍然有不少家长不以为然，觉得只要孩子听话一点、坚强一点、想开一点，就没什么大不了的。

然而，中度以上的抑郁症发作时，自杀的念头随时可能成为现实，必须通过药物治疗甚至电疗等方法才能够快速有效地控制。用生命教育模型来解释的话，我们可以理解为：必须先保证孩子物性层面的生命安全，心理咨询师才有机会帮助孩子心性层面的“我”重建活下去的兴趣和信心。

· **抑郁症的多因性**

作为严重危害生命安全的疾病，抑郁症是一个多因性疾病，而不是大家通常理解的“心情不好”“性格缺陷”或“思想问题”。所以，一旦孩子出现相关症状表现，父母都需要第一时间带孩子去医院进行具体检查和诊断，看看是属于生理原因引起的器质性抑郁症（内源性），还是心理原因引起的心因性抑郁症（外源性），然后才能对症治疗。

器质性抑郁症，是指由于大脑疾病、脑损伤或其他全身性疾病和障碍而导致的抑郁。这种情况下，如果不及时进行躯体治疗而一味依靠非药物心理治疗，就会贻误病情，错过宝贵的救治时机，而且还会使病人因为久治不愈的病情而增加挫败感和自责自罪，增加自杀的风险。

心因性抑郁症，则主要是由于受到外界的不良刺激或者内心的矛盾冲突所致，往往是在受到超强精神打击后急性发病。比如对青少年抑郁来说，长辈离世、父母离婚、校园暴力等是常见原因；也有少数是缓慢发病的，比如长期被虐待、拘禁等。心因性抑郁症相比于器质性抑郁症程度较轻，但之所以我仍然会建议父母带孩子就医并接受药物治疗，是因为长期的抑郁会反过来造成身体的器质性病变，而心因性抑郁症的心理治疗也需要良好生理基础的支撑。

生理、心理和社会三方面因素的综合作用，会让抑郁的孩子内心体验到如做噩梦般的痛苦，认知也会逐渐歪曲，最终会把自杀作为解决痛苦的唯一方式。

关于抑郁症的早期觉察和应对，我会放在第六课跟大家具体分享。在这里，我们先来进一步认识与抑郁相关的生命物性。

每次接待患有抑郁症或有抑郁倾向的来访者，在初次访谈时，我一定会仔细询问来访者双亲的家族病史，排查有无家族遗传因素的影响。科学家的研究证明，抑郁、焦虑、物质依赖和自杀问题的背后，常常伴有神经生物学方面的功能受损。研究人员在对双胞胎和养子的研究中发现：同卵双胞胎中有同时存在严重的自杀企图的大约占23%，而异卵双胞胎则没有这种情况。自杀行为与大脑中的神经递质5-羟色胺血清素偏低有关，5-羟色胺水平低的自杀者比水平高者再次尝试自杀的可能性高10

倍。5-羟色胺含量低还与暴力及冲动行为有关，而暴力或冲动有时会导致自杀。

美国曾有一位名叫菲尼亚斯·盖奇的铁路工人，25岁那年，他在事故中被一根铁棒穿过头部，颅骨左前部几乎完全损毁，但他并未失去知觉。经过治疗，他的身体逐渐恢复，又可以工作了。然而工友发现，他的行为和性格发生了巨大的变化：以前的盖奇有能力、高效率、敏捷机灵、和气友善、彬彬有礼，而受伤后的他变得粗俗无礼、缺乏耐心、顽固任性、反复无常、优柔寡断、散漫混乱。朋友们都说“他不再是盖奇了”。在盖奇生前和死后，医学和心理学权威人士对他进行了广泛研究，他的头骨至今还保存在哈佛大学的医学博物馆里。盖奇的遭遇成了神经科学上的经典案例，让人们开始意识到：每个人的行为看起来是由意愿决定的，但最根本的决定因素是生理机制。或者说，我们在研究人的意愿和行为时，绝不可以忽略其生理机制的影响。

生理机制，在我提出的生命教育模型中属于“物我”的部分。

作为陪伴孩子长大的人，你也许记不住专业的名词，但一定要记住孩子的情绪失控和自杀行为，常常有生物学基础，可能存在某些方面的功能受损，孩子需要的是及时的治疗和帮助，而不是被指责为“不懂事、不坚强、太作了”。指责不但解决不了问题，还会激化情绪，制造更大的危机。让孩子了解“不是我变坏了”，而是“我生病了”，才有可能激发孩子物我的自我修复机能，调动孩子心我层面活下去的希望和勇气，配合治疗和救助的开展。

如果孩子已经生病，我们能做的，是把“病”交给医生治疗，自己悉心照顾孩子。无论孩子生病与否，父母都有必要了解与情绪和生命品质息息相关的几大物性元素——多巴胺、5-羟色胺、内啡肽和去甲肾上腺素。

首先，说说多巴胺。科学家们在研究抑郁症的致病因素时发现，大脑中的脑神经递质的不均衡是其中一个重要原因。被称为“行动的荷尔蒙”的多巴胺，就是神经递质的一种，它就像大脑中的“高速路桥”，帮助神经元之间的信息传递，将下丘脑外侧区、大脑边缘叶、杏仁体、伏隔核、海马回等参与情感管理的区域联结在一起，从而令人产生快乐、幸福等感受。适当的多巴胺可以让我们积极生活，但多巴胺水平过高会让人容易冲动、从而做出危险举动；如果多巴胺分泌不足，则会导致行动和情绪方面出现障碍，出现持续的情绪低落、注意力不集中、失眠、做什么都提不起兴趣，等等行为。多巴胺的分泌异常，不仅会引发抑郁，也会导致儿童多动症、阿尔茨海默病等。

接着，再来说说5-羟色胺。5-羟色胺是另一种重要的神经递质，就像“情绪信使”，帮助我们把喜怒哀乐等情绪体验传递给大脑，同时还能帮我们抵抗悲伤、调节情绪。如果缺乏了它，我们就很难接收到关于外界的反应，出现持续性的情感丧失，变得麻木、消极、缺乏耐心，无力坚持做一件事，在遇到挫折时很容易生气。尤其是罹患抑郁症的青少年儿童，会表现得比一般孩子更容易被激怒，也更容易因为失败而一蹶不振。

然后，认识一下内啡肽。如果说多巴胺和5-羟色胺是通过使人兴奋而产生快乐的神经递质，就像拉丁舞，那么内啡肽，则是通过使人平静而产生快乐的神经递质，就像冥想和瑜伽。内啡肽能够抑制痛苦信息在大脑中的传递，并将痛苦赋予某种意义，让人体验“痛并快乐着”的感觉。诺贝尔奖获得者罗杰·吉尔曼发现，大脑产生内啡肽最多、受体最集中的区域，在学习和记忆的相关区域。也就是说，能够帮助孩子提高学习成绩、加深知识记忆的是内啡肽而不是“只要学不死，就往死里学”的悲壮行为。相比多巴胺，内啡肽的持续时间更长、更稳定，可以帮助我们缓解焦虑，更好地承受压力和疼痛，增强免疫力等。大声喊叫、唱歌、瑜伽、运动等，都可以促进内啡肽的分泌。然而必须要注意的是，自虐自残、注射吗啡、吃“变态辣”的食物等，同样会增加内啡肽的分泌、产生快感，所以，抑郁的青少年儿童之所以自虐自残，并不是在吓唬父母，而是真的活得很痛苦，找不到其他让自己快乐的办法。一位22岁的女性来访者，从5岁起就开始自残，手臂上伤痕累累，连她自己都想不通：为什么还能活到现在？为什么又忍不住要自残？

最后，我们了解一下“去甲肾上腺素”。去甲肾上腺素是提供生命动力的神经递质。它的适当分泌，能帮我们良好地应对短期压力，提高注意力和记忆力；但如果压力持续时间过长、累积过多得不到及时释放的话，就会使得体内去甲肾上腺素不足，导致我们动力不足、反应迟钝、效率低下，甚至出现抑郁、焦虑、精神失常等疾病表现。或者，由于压力刺激强度过大，导致去甲肾上腺素分泌紊乱，神经系统异常兴奋，则会出现没来由的恐慌，而“自己又不知道在怕什么”。

如果把上面几种神经递质串联起来看，就会发现：我们可以通过调节多巴胺的分泌来调节孩子的动能，通过调节内啡肽来调节孩子的静能，尽量不给孩子太大或太持久的压力，避免孩子去甲肾上腺素的异常分泌。此外，还有一种重要的抗抑郁神经递质“催产素”，通过父母间的恩爱、家人间的拥抱等就可以“天然合成”，然后带给孩子宝贵的身心滋养和支撑，所以夫妻关系越好，孩子越健康快乐。爱，是家庭成员间的“神经递质”；和谐的夫妻关系，则是生命教育的父母习题。

多巴胺、血清素、内啡肽、去甲肾上腺素等神经递质，在神经网络中并不是单独发挥作用的，它们与电解质、氨基酸、肽、激素等其他物质相互作用，共同影响着我们身心状态和生命品质。说到这里，我们不妨再次回味薛定谔先生关于生命的描述：“生命是沿着量子边界——经典世界与量子世界间的狭窄‘溪流’——在悠然航行。”可不真的如此吗？

记着这些有点拗口但对于我们生命物性非常重要的名词，然后回过头来看看身边的孩子，你会发现：原来，我们的孩子真的并不是“我们的”孩子，他们跟我们一样，也有自己的下丘脑外侧区、大脑边缘叶、杏仁体、伏隔核、海马回，也受到多巴胺、血清素、内啡肽、去甲肾上腺素的影响，也在“沿着量子边界航行”。当航行受阻，孩子会出现消极、易怒、拖延、走神、丢三落四等情绪和行为，我们需要分三步走才不会踩到孩子的“雷区”。

第一步：将孩子的真实生命从“这是我的孩子”的片面认知中剥离。因为真正让人抓狂的，不是出现在孩子身上的问题，而是“这孩子跟我有关系”。如果你还记得上一课的内容，就会明白这是自己习性中的“贪嗔痴”在作祟。在习性层面跟孩子互动，只会引发更多的贪嗔痴烦恼。

第二步：把那些让人抓狂的“熊孩子”问题分解成“物性”和“心性”两个部分，然后先看物性，你会发现，自己居然在对着多巴胺、血清素、内啡肽和去甲肾上腺素这样一堆神经递质挥拳舞臂、捶胸顿足、焦头烂额……是不是很滑稽？它们是孩子身体的一部分，但它们不是孩子本身。当这部分出了问题，孩子也是受害者，他们需要的是真正有效的帮助，而不是只会加重问题的指责与批评。还记得前面提到的那个救妈妈的小男孩吗？面对孩子生病的“物我”，我们能不能觉察并放下自己“物我”的躁动，平衡好自己的神经递质，然后，像小男孩一样大声对孩子喊出“我来帮你”呢?

第三步：帮助孩子完成“物我”的疗愈。需要说明的是，我们暂时将孩子身上呈现的问题“去心理化”，不是否定心理因素的存在和影响，而是将心理因素留到“心性”一课当中去专门学习和讨论，以便我们在这一课里，留出足够的时间给孩子和我们自己的物性。因为头脑跑得太快的我们，需要停一停，重新了解、熟悉和修缮我们的身体，好让我们的“心我”能够安住在身体这座生命的城市里。

对身体和生命物性的重视，来源于我这二十多年的心理工作感悟。我发现，随着社会发展和城市化进程的加快，随着物质的相对满足，知识相对丰富的80后、90后们逐渐为人父母，越来越多的孩子开始面临一个新的困境——他们活在头脑所知道的世界里，而不是身体所感受到的世界里。作为人类的未来，他们对外的感官功能，借着AR和VR、程序和算法，被前所未有地开发和强化；而对内的感受和觉知，则越来越迟滞和微弱了。头脑总是带着他们不断向外跑，寻求新的刺激和成功体验，以至于他们越来越听不见自己身体的呼唤，甚至还会觉得身体是种束缚，所以不断打乱身体的节律，不愿花时间来熟悉和照顾自己以身体方式存在的物性。

于是，身体成了一座空城。虽然孩子吃得越来越好，但身体却越来越没有活力，一旦心我受伤，想要找个地方休息时，就更会发现无“家”可归，因为身体这个“家”，也早已成了一堆废墟。

所以，渐渐地，我发现自己从二十多年前坚定的“南禅粉丝”，变成了“南北禅”都爱的“通心粉”。

相传，公元661年，禅宗五祖弘忍要选择衣钵传人，便让门下弟子各写一首偈诗来表明自己的悟境。弟子神秀写道：“身是菩提树，心如明镜台。时时勤拂拭，莫使惹尘埃。”意思是修行要脚踏实地、下真功夫、慢慢来、渐悟。扫地僧惠能也写了一首：“菩提本无树，明镜亦非台。本来无一物，何处惹尘埃。”意思是对于外在暂时的表面现象，不必执着，不执着就顿悟了。五祖弘忍听了两人的偈诗，赞叹惠能的境界，于是选定他作了第六代传人。

小时候的我，一直觉得惠能的境界高于神秀，所以“赢”了这场比赛。而做了二十多年咨询师，听了二十多年人间烦恼事之后，回头再看，才发现其实南能北秀没有输赢。渐悟顿悟，都是我们这一期的生命所需要的。尤其是对物性层面来说，如果我们仅仅满足于头脑的“顿悟”而不花工夫认真修剪和养护我们的菩提树身，了解它的变化和需要，尊重它的规律，为它持戒守戒的话，那么，就真的浪费了这座人身城市，既无法为慧我聚气凝神，也无法为心我输送生命的活力。

如果你觉得神秀的偈子还是太“神”，需要增加点科学养分的话，我们可以用薛定谔的名言来加以注释和“翻译”，“人活着就是在对抗熵增定律，生命以负熵为生。”

什么是熵增定律呢？1865年，德国物理学家克劳修斯第一个提出了熵（Entropy）的概念，用来度量一个系统“内在的混乱程度”。熵相当于系统中的无效能量，熵增定律，则是指宇宙中一切事物发展的自然倾向都是从有序走向无序，最终灭亡。整个世界里，物质总是朝着熵增（越来越无序）演变，覆水总是难收，镜子常常蒙尘，手机越来越卡，太阳终将烧尽……

熵增定律作为热力学第二定律，是爱因斯坦最推崇的物理定律，因为它揭示了世间万物的终极演化规律，预示着宇宙终将归于“热寂”，生命终将消失。

而人，作为生命存在的形式之一，活着的过程就是通过“时时勤拂拭，莫使惹尘埃”的自律管理，对抗熵增，在无序中活出有序和意义感，最终在“本来无一物，何处惹尘埃”的通透中获得大自在，从容面对早晚会到来的死亡，而不必在熵增的混乱中提前结束自己的生命。

外部的无序，让我们学会“断舍离”；内部的无序——那些习性中纷繁的执念，物性中调皮的递质，又可以让我们学会什么呢？我们能为自己和孩子的内部世界做些什么，从而确保生命可以“负熵”为生、焕发不断的生命力呢？

思考这些的过程，也是生命教育的过程。想清楚了，我们就要采取行动，比如做下面这些事：

教孩子做家务，让幼小的生命在脚踏实地的生活中产生适量的多巴胺；

带孩子做运动，让幼小的生命在趣味横生的动静之间产生适量的内啡肽；

陪孩子回归自然，让生命与生命在物性和慧性的互动中产生应对压力适量的去甲肾上腺素。

所有这些，看上去不像头脑的学习那样“有用”，但却恰恰是生命活力的来源，值得我们花更多的时间与工夫，让自己和孩子一起度过刚刚好的人生——刚刚好，这样就好。

照顾好我们的物性，它将回报给我们无穷的力量

讲到物性，推荐给你两部根据真人真事改编的电影。

第一部叫《自闭历程》，讲述的是美国畜牧学家、北卡罗来纳州立大学教授坦普·葛兰汀如何战胜自闭症，成为著名学者的历程。

坦普·葛兰汀是一个高功能的自闭症患者。她4岁还不会说话，被医生判了“死刑”，但她那毕业于哈佛大学的妈妈从未放弃她，不管别人怎么贬损，她都想尽一切办法帮助女儿。妈妈尝试把葛兰汀送到一间专为自闭症患者开办的学校念书，遇到了曾经在NASA（美国国家航空航天局）工作过的卡洛克博士。卡洛克博士独具慧眼，发现了葛兰汀的天赋——通过图像来认知这个世界。在恩师的指点下，葛兰汀考进了大学。

1966年暑假，葛兰汀到姨妈的牧场度假。在这里，葛兰汀发现自己对动物特别感兴趣，因为她能“像动物一样思考”。更为重要的是，她发现了一种能帮自己快速稳定情绪、安定神经的办法：将自己固定在给动物用的“挤压机”里，让身体被紧紧挤压和包裹起来。葛兰汀回到学

校后，在宿舍里也做了一个“挤压机”，以便随时平复情绪，安抚自己。为了能让学校同意她保留挤压机，葛兰汀做了一个心理学实验，并写成论文交给教授，说明挤压机不仅仅是对自己，对别人也有类似的作用。这份报告打动了教授，这台在别人眼中很“怪异”的机器被保留了下来。

本科毕业之后，葛兰汀继续攻读畜牧学研究生，她将自己对生命、社会以及宗教哲学的思考和感悟，融入对浸淹池的设计之中，最终实现了自己充满生命关怀色彩的心愿。无论牲畜最后是不是变成了肉类，在它们活着的时候，都要让它们获得充足的“优待”和“尊重”。

看这部片子的时候，我为葛兰汀感到十分庆幸。正是恩师卡洛克博士有航空航天工作的经历，才能为她提供宇宙般宽广深邃的视野，让她发现自己的独特性；正是牧场有最接近生命物性的原始工具，才能为她提供比拥抱更安全的物我空间，让她独特的心我能够回到身体中，与物我一起工作。

新冠肺炎疫情爆发之后，我们通过网络教父母们与孩子玩“蝴蝶抱”的游戏，帮助孩子平复情绪，重建安全感，其实跟葛兰汀的挤压机是同样的原理：通过物我来安抚心我，让生命的各个属性彼此支持，紧密地联结在一起。

第二部电影叫《听见天堂》，是根据意大利著名盲人音效大师——米可·曼卡西的经历改编而成。米可在8岁时，因意外而失明，按照当时的法律，他只能进入盲童学校读书。校长也是一位盲人，认为失明就意味着不能再奢望享受人生和拥有梦想，不应该再保有热情和想象力，只能苟活，别无选择。他坚守学校一百多年来简单粗暴的教育目标，坚信让盲童“学得一技之长，将来能够以当纺织工人或电话接线员为生”，就是对他们最好的教育。

幸运的是，米可遇到了唐老师。

刚入学的米可，无法接受自己失明的现实，表现得非常抗拒。他不肯学习盲文，也不肯学习纺织等技能，直到听到了录音机里传出来的声音，才安静下来。唐老师不仅包容了丢本子发脾气的米可，还在他犯下其他错误时不直接拆穿他，而是用保护他尊严的方式加以引导。唐老师说：“人有五官，你不过是眼睛瞎了，为什么要放弃其他的感官呢？”

唐老师在课堂上给学生准备了树枝和果实，让他们用手去抚摸实物，感触世界；又带领学生们走进自然，让他们用耳朵倾听世界，完成“感受四季”的作业。在唐老师的引导下，米可迷上了声音收集，还学会了将声音编合成一个个奇妙的故事。最终，他以自己对声音独特的敏锐天赋，在以炫丽的视觉艺术著称的电影世界里，找到了自己实现梦想的方式，成为了首屈一指的音效大师。

如果从生命教育的角度来看米可的一生，你会发现，作为反派人物的校长，最初的本意也许并不坏，他只是坚信自己的做法才是对盲童们最好的“生命教育”，因为在他眼里，生命物性的损坏就是生命价值的损失，所以他要保护盲童不去奢望与价值不匹配的生活。然而，在唐老师眼里，生命的物性虽然重要，但它不等于生命本身。某一部分的缺损带来了另一部分的可能性，生命的价值也不会因为任何缺损而降低，人人都有实现梦想，成为自己的权利。

不同的生命假设，带来了不同的结果。所以，借着有关对生命物性的探讨，我们不妨再次整理自己的生命观：在你的眼里，生命究竟是怎样的？你能否透过孩子表面的“问题”看见他们内在的缺损，又透过缺损看见他们真实的需要和不增不减的生命价值？

即使因为抑郁而要终身服药，生命的价值也分毫不少——我们是否能发自内心这么相信?

我曾去过日本和歌山白滨的三段壁，印象最深的，不是那里的独特美景，而是海岸边竖着的一座常夜灯，灯下石碑上刻着“海难死没者、投身自杀者供养塔”。看到文字的那一刻，我很是感动。虽然景区内同时立着劝解自杀者的告示牌，劝告人们珍惜生命，但与此同时，曾经在这里放弃生命的人，也一样被尊重和被纪念着，生命的价值没有因为自杀而被贬低和厌弃。

尊重每个人的生命和他们的选择，同时，通过生命教育和危机干预，让每个生命看见更多的可能性，拓宽他们的选择项，提供给他们更多的陪伴，减少天地之间不断熵增的怨气。我想，这正是我们在做的事情。

日常生活中，物我层面的生命教育，有很多我们可以为孩子做的事情。

与孩子一起做饭，了解食物与身体、营养与神经递质之间的关系，让孩子知道“我为什么是这样的”。

观察孩子的言行，定期体检，有针对性地为孩子调整食谱。比如：当多巴胺不足时，可以吃些坚果、芝麻、香蕉、草莓、橙子、羽衣甘蓝、花椰菜等；全麦面包、糙米、燕麦片、意大利面、蘑菇等，可以增加血清素；当内啡肽不足时，3岁以上的孩子可以稍微吃点黑巧克力、辣椒等。跟孩子一起编一本“开心食谱”，有意识地用食物来供养身体，而不是简单地满足口腹之欲，让孩子知道“食物可以帮助我”。

与孩子一起玩耍、运动，爬山、跑步、骑行、游泳、打羽毛球、踢足球、打乒乓球……任何一项运动都很好。即使这些都做不到，至少还可以跟孩子一起散散步、做做操，让孩子知道“我可以为自己做些什么”。

带孩子一起过相对规律的生活，尽量保证睡眠和休息；拥抱孩子，多给孩子按摩（可以用上植物精油更好），让孩子知道“我的身体是美好的，是值得被爱的”。

与孩子一起大声唱歌、蹦蹦跳跳，民族舞、现代舞、拉丁舞、集体舞、自编舞……孩子会不会跳，跳得好不好，一点都不重要，重要的是，在音乐中探索身体的存在，让彼此的物我产生愉快联结。与孩子一起，在手机里建一个“开心音乐”收藏夹，让孩子知道“快乐是可以自己制造的，爸妈是跟我在一起的”。

爱上自己的身体，才可以多一点力量抵御想要结束它的心。

一位25岁的来访者M，因为失恋而陷入轻度抑郁，入睡困难。我接受了她的预约，但同时提出一个要求，虽然咨询每周进行一次，但每天晚上，她必须完成一项心理作业——泡澡、香薰，然后给自己全身涂抹润肤乳。M以为自己听错了，反复问我：“林老师，这是心理作业吗？”我肯定地说：“是心理作业，不过要用身体来完成。”

第五次咨询的时候，M报告说：“我从来没有像这段时间这样爱护过自己，每次涂抹完润肤乳都想哭，不是因为失恋，而是觉得，以前都活在头脑中，太忽略这个身体了。它那么美好，我要对它好一点。”

身体那么美好，我要对它好一点。当孩子们都能这么想时，关于物我的生命教育就达成了。

回到生活里，积累物我智慧

知道了身体中物质的运行规律，也知道了落到实处的渐修之重要性，接下来，我们首先要做的事是回到生活里去。

回到生活里去，是这5年来我对来访者常说的一句话。在咨询室里做做“实验”，在生活里做做练习，一边“时时勤拂拭”地照顾好身体、以负熵为生；一边“本来无一物”地修炼好慧性，向死而生。

比如，在家这个系统里，如果我们不断添加看似有用的物品，而又不加以整理的话，家就会越来越混乱，产生大量的无效能量“熵”。随着物品的增加而不断增加的熵，不但不会增添居住的舒适度，还会影响家人的身心状态。待在家中越久，就越觉得不安和烦躁，效能感也会不断降低。再比如，当你陪孩子写作业时，用100分的能量来冲孩子发火，其中最多只有20分起到了一定的作用，剩下的80分，则以熵增的方式在亲子关系中扩散、循环叠加，最终非但孩子学习成绩没有提升，亲子关系品质反而不断下降。

面对熵增，如果我们不采取任何行动，事情就会变得越来越乱，就像越堆越乱的书桌，甚至还会印证心理学中的“墨菲定律”——越不希望发生的事就越会发生。如果要逆着熵增、以“负熵”为生，则必然会降低速度、牺牲效率，在细节上做足自律的功夫。自律功夫的其中一种，就是针对物我的生命教育。

针对物我的生命教育，最好从生活常识、家务劳动、自然教育、野外生存训练等着手。一个能把脚踩在地上的孩子，才能获得源源不断的生命力，才能应对长长一生中的各种考验。

回顾自己的成长经历，想到童年的种种，常常心怀感恩，庆幸自己此生“遇见”了我的“上师兼督导”——外公。外公是个读书人，对待生活从来都是一丝不苟，洒扫烹煮、叠衣沏茶，每一件事都带着我一起用心做。遇到我偷懒不想劳动时，外公从不直接批评我，而是故意笑眯眯地说反话：“万般皆下品，唯有读书高。你是个高人哦！”或者说，“不劳动者不得食。一日不作，一日不食。看来你要成仙了哦！”每每这个时候，我这个“高人”和“仙人”就会不好意思，转而意识到：哦，原来我是个人，是人就要活着，活着就要劳动。

作为孩子，头脑从书本中学习固然重要，而身体从劳动中学习，更能让我们建立活着的最朴素的信心，知道自己能为生命做些什么，就永远不会“空心”。

外公常说的一句话是：“写字就专心写字，吃饭就专心吃饭。练字要练‘永字八法’，吃饭要嚼36下。”他还教我睡觉的姿势：舌顶上腭，向右侧睡，两个膝盖微弯、合拢。右手大拇指压放在耳垂珠后边，手掌置耳前，左胳膊自然伸展搭在身体上。四十多年后，我才知道，原来这就是南怀瑾老师一直推崇的“吉祥卧”。这样的睡姿，可以让气血沿着身体往上延伸，睡梦中也像在修行，身心都很踏实。弘一法师也是保持着这样的姿势，安然圆寂。

新冠肺炎疫情期间，我将吉祥卧放入心理讲座中，教授上万名企业管理者、医护人员、媒体工作者、老师和家长们，帮助大家安顿身心，更从容地应对艰难的2020年。

纵观外公这一辈长者的一生，所经历的苦难和挑战，比2020年所经历的还要多。尽管如此，他们依然珍惜生命，不仅自己勇敢踏实地活下来，还将老祖宗们的智慧身体力行地传承给了下一代。我的外婆，虽然没有外公的禅定功夫深，但一样具有远近闻名的生活智慧。凡是跟她接触过的人，至今都还记得她在点滴之间教会大家的那些事：米糠筛出粗细，三种吃法；吃饭不训孩子，保护身心；走热了不能碰冷水；给赶集路过的乡亲端水不能用太精致的茶碗，以免人家拘谨不安。最有趣的是，有一次饭菜已端上桌子，我的小表弟突然说想吃方便面，外婆并不拒绝他，只是笑眯眯地说了句："嗯，枕头垫高些想嘛！"表弟愣了一秒钟，大概脑补了一下"枕头垫高些想"的画面，然后就咯咯咯地笑着端起了饭碗，再也不提方便面了。

外婆的乐观和幽默，让她以柔弱之躯度过了无数劫难。她还担任了当地工商联主任、政协委员。外婆去世几年后，有一次我陪妈妈回老家，在街上遇到一位曾跟外婆一起遭人陷害的老人家。老人家流着泪说：“多好的一个大姐啊！当年要不是看到她，我哪里还能活到现在呀。她教我每天梳头100下，我到现在都在坚持，真的好感谢她！”

饭嚼36下、睡觉吉祥卧、吃饭不训儿、梳头100下……这些老祖宗的智慧，借由外公外婆的生命，传承给了家族内外的许多人，又借由许多人传承给一代一代的后人们，总有些人记得：无论时代如何浮躁，世事如何艰难，经历如何不堪，他人如何冒犯，我们都可以想办法善待自己，尊重自己以人的身躯示现在这世间的生命。在我看来，这真的是最宝贵的生命教育。

需要反思的是，当下，与“养生年轻化”同步的是，疾病和自杀也越来越年轻化。作为万千物种之一的我们，是更爱自己的生命了，还是更不爱了呢？

答案，也许从木心先生的诗歌《从前慢》里可以窥见一斑。

记得早先少年时

大家诚诚恳恳
说一句　是一句
清早上火车站
长街黑暗无行人
卖豆浆的小店冒着热气
从前的日色变得慢
车，马，邮件都慢
一生只够爱一个人
从前的锁也好看
钥匙精美有样子
你锁了 人家就懂了

从前的人们，虽然车马慢，但“说一句　是一句”，永字八法练一生，内啡肽的充盈远胜今天的我们。今天的我们在制造、经历和承受了时代高速发展的利与弊之后，需要让紧绷的战斗之躯回到生活的美学里，舒经活血、温柔浸泡片刻，好让祖先的智慧经由我们继续传承下去，许我们的孩子一个这样的未来：头脑慢得下来，身体跟得上去，活着觉得值得。

依然留一份作业给你。请写出七样你最想传承给孩子的生活技能，七种你爱护自己身体的方式，七首能影响你多巴胺（兴奋）和内啡肽分泌（愉悦）的音乐，七个能与孩子身体联结的运动或游戏。写完之后，问问自己：如果一个人的一生总共有七天，每天就做这几件事，如果这几件事就是一个人在这个世界上全部的生活，你会不会感到满足呢？对孩子，你还会有什么其他期望吗？

第四课

被扭曲的心性：“对不起，你们去生一个更好的吧”

为什么抑郁总是袭击乖孩子

见了便做，
做了便放下，
了了有何不了
慧生于觉，
觉生于自在，
生生还是无生

—— 寺院楹联

“对不起，你们去生一个更好的吧”

2020年5月30日下午，在安徽黄山的一所学校里，一个情绪激动的男孩站在宿舍5楼阳台外想要跳楼。他在遗书中写道：“我控制不住自己玩手机，对不起，你们去生一个更好的吧。”幸运的是，消防救援人员及时赶到，这个幼小的生命最终得以保全。

生命虽然得以保全，可是，孩子接下来的人生，会如何继续呢？因为控制不住玩手机，所以觉得愧对父母，自责自罪，自我厌弃。这分明是一个想要更好可又凄惘无助的好孩子！只是，老师和家长能不能透过这次危机看见孩子内心对“好”的渴望呢？有没有方法、力量和耐心帮助孩子摆脱心瘾，成为他想成为的自己呢？

我做老师的时候，有一句“名言”：“我的学生都是好学生！”说他们好，不是因为他们符合其他人眼中“成绩优异、顺从乖巧、名校精英”的标准，而是因为我看得见他们每个人纯净的内心，在那里都曾有一颗想要向上、渴望开花的种子正等待被“爱的教育”来浇灌，成为更好的自己。只是在经年累月的成长历程中，太多的评判、打击、忽视和诱惑，一步步将其中一部分种子碾压、破坏和扭曲，让他们自己也忘了自己也曾渴望被人喜爱、被人看见，渴望做个好孩子——虽然，他们心中的“好”常常与大人期望的不一样。

大人期望的“好”，在许多孩子来看，永远遥不可及。最初，他们可能会反抗，会试图按自己的方式来定义；可渐渐地，大人的标准内化成了他们的自我评判，当发现自己无论怎么努力，也达不到父母和老师的期待时，崩溃就可能在一瞬间发生。

一位大学生来访者小H，从小县城考入了“985”高校，父母虽然很高兴，但同时也开始不断提高对他的要求：拿奖学金、当学生干部、从大一开始备考研究生……任何一项做不到，就是“骄傲自满、放纵偷懒、不珍惜”，外加一句：“咱不能让人看不起！”为了不辜负父母的期望，小H一边把日程安排细分到秒，一边却不停地用打游戏来抗拒要求和麻痹自己；一边打游戏，一边又不停地自我谴责，焦虑不安，整夜失眠……在“想过一百种死法”之后，他拨通了我们的求助热线，要咨询的却是“如果我自杀成功了，别人会怎么看我？”

另一个让人心疼的男孩小斯（新闻报道所用化名），却连被人挽救和倾听的机会都没有从这个世界得到，就匆匆结束了自己18岁的生命。2016年6月10日，小斯在参加完高考后的第二天，留下一封2800字的遗书，决绝地跳河自尽了。他说:“其实我很早就想写这些了，我也一直在想，我死后不同的人看到这封遗书会不会上新闻啊，会不会有专家来分析啊，反正我想得太多(包括你们看到这句话的想法)。”当看到孩子最后这段话时，我心痛到泪流满面。多么好的孩子，多么遗憾的生命体验!

兼具母亲、咨询师和老师三重身份的我常在想，如果早点知道这些孩子的故事，早点有机会告诉他们:“孩子，现在你可以找专家啊，这世界上总有一些人，不想分析你、评判你、打击你，只愿相信你、倾听你、陪伴你、帮助你，允许你做自己……”我常想怎么样才有机会更早地进入跟小斯一样的孩子的生命里，趁一切还来得及，为他们和他们的父母做些事情。因为这样的孩子太多太多，而他们的父母直到走入咨询室都还不相信孩子内心是真的痛苦，不知道自己究竟哪里做错了。

为了这个目的，怀着恭敬、感恩与悼念之情，我想引用小斯遗书的全文，借着他留给这个世界最宝贵的告别文字，帮助更多的父母了解孩子的内心世界。帮助父母，就是帮助更多的“小斯们”。愿小斯的在天之灵允许我的引用，因为我愿做那个不分析、不评判、不打击，只相信、只倾听、只陪伴的人，帮助更多的孩子和父母，允许孩子做自己。因为每个孩子，最初都想做个好孩子。

感恩心性世界的“大体老师”

不分析，是因为在我看来，任何一个人都没有资格单方面分析他人，除非被他人邀请和他一起进行分析，或者是出于科研探索、刑侦破案的目的。生而为人，人人都走在生死之间的这一段生命旅程中，孩子与成人是平等的，所有的相互分析都不过是投射和假设，而每个人内心首先渴望的是被感受而不是被分析。被感受，生命才有了存在的意义。

我也希望，读到小斯文字的你，也一样怀着恭敬、感恩与悼念之情，感受年轻生命心性层面的苦痛，感谢小斯将自己的心路历程做成“心理标本”，让更多的父母有机会看清楚每一个自杀行为背后的来龙去脉，有机会预防危机的发生，有机会以孩子渴望的方式去爱他们，趁一切还来得及。

哪怕我们能做到一点点，对小斯来说，也是他短暂生命留给这个世界伟大的意义。虽然他在留下这些文字的时候，只是想要“顺心”而没敢奢望被这个世界理解。我很希望我们能将“捐献”自己心路历程的小斯，也当作“大体老师”，就像捐献器官和遗体的志愿者一样。愿我们从小斯的生命故事中，学到有关生命教育的真知和教训，让更多的孩子因为小斯的“捐献”而多一些活下去的可能性。

作为一名遗体捐献志愿者，写到这里的时候，我萌生了一个心愿：希望有机会用这本书的稿酬，成立一个专门的基金，专门用来帮助那些走到生死边缘的孩子以及他们的父母。无论资金多寡，趁一切来得及，能帮助一个是一个。愿读到这本书的你，成为这个小小心愿的见证者；也愿你带着你的智慧和对生命的热爱，一起参与进来，尽我们的力量，让世界少一份遗憾。

小斯的遗书写在他的QQ说说中。说说的背景上，有一行醒目的抬头：“听爸爸的话，说我不是个好东西。”来自歌词的这句话，又何尝不是来自和小斯一样的年轻生命的绝望呐喊呢？

小斯说：

从小我爷爷奶奶就说，考一次100分或者得一次A+就奖励一块钱，然后作业本上满满的A+。后来虽然没有给了，但我从学习成绩好，做一个学霸中找到了优越感，差不多就从这时候起，就被打上了学霸的标签。后来三年级语文考试开始写作文了，我平时内向，表达能力不好，而且相对于之前写的，字数很多，让我感到害怕。而且由于作文或多或少的会扣分，我就考不了满分了。还有一些其他的原因，反正我不爱写作文大概就是从这时候开始的。

"从做一个学霸中找到了优越感"，多么有代表性的自我分析和表达，道尽了太多优等生生命枷锁的起源。当父母和老师将"学霸"作为孩子生命价值的标签时，他们的心性就开始扭曲发展。生命与生俱来的学习本能变成了换取优越感的工具，学习的乐趣被功利心取代。一旦优越感受到威胁，生命的价值感便也消失不见，"生存，还是死亡"，就开始成为问题。

但是我还是想当一个好学生的，但是呢，自从我爸把我接到福建后，怎么说呢，我就觉得他这人因为从小吃了很多苦，心理有点问题，脾气不好。小的时候我有一次因为一直吵着说要喝他带回来的花生牛奶，他当时心情不好，一巴掌把我鼻血都打出来了。还有一次，他把我带到广东那里去玩的时候，动不动就打我，让我罚站。之后我一直害怕他，甚至听到他打电话回来我就往楼下跑，我爷爷奶奶把我抱过去接电话时，我就哭。在福州这边也是有点什么事情就打，考98分都被骂，吃饭打嗝一耳屎（四川方言，“一耳光”的意思）打过来，夹菜姿势不对也一耳屎打过来，自己小时候生活不好，非要对我要求严格。当然也可以说是什么对我的爱啊，但抱歉我情商低，感觉不到，虽然我懂这个道理，但从心理上非常不认同。而且有的时候他的教育方式太过可笑，吃饭的时候，我说菜是苦的，他说不苦从哪里来，然后摆出一副说教的样子。说白了，套路太老，套路不深，我并不吃这一套。有的道理我知道，但因为我太小或者经历不够，不理解，就像小时候看世界，没觉得什么风景好美，后来慢慢地才有这种感觉的。可惜他们让我有情感这方面的感觉的时候，感觉到的不是爱。其实这里已经偏题了，不全是写的学习，反正都要死了，想到什么写什么吧！

“自己小时候生活不好，非要对我要求严格”，面对爸爸的打骂，小斯虽然既害怕又愤怒，但同时又给了爸爸一个孩子能够给予的最大的理解。这让我想到有一次参与一场亲子活动，邀请父母和孩子分别画画，然后各自从一大堆不署名的作品中找出自己父母或孩子的作品。结果，孩子们几乎都一眼就找到了爸爸妈妈的，而爸爸妈妈则更多的是犹豫和不确定。一位爸爸感慨说："原来孩子们了解我们比我们了解他们多得多！"假如每一位"小斯"的身旁，都有愿意不断了解他们，倾听他们的爸爸妈妈，那么生命教育就会在心性层面真实发生。如果相反，则给孩子灌输再多"生命可贵，珍惜生命"的口号，也是枉然。连父母都不愿多些了解的生命，对孩子来说，又怎么可能感觉到可贵呢？

"当然也可以说是什么对我的爱啊，但抱歉我情商低，感觉不到，虽然我懂这个道理，但从心理（上）非常不认同"。如果有机会，很想告诉小斯，不是他情商低，而是爸爸爱的方式出了问题。很多父母觉得，不管我怎么做，只要出发点是为了孩子好，孩子就应该感受到父母的爱，应该"领情""知足""感恩"，否则就是"不懂事"。尤其是超越自己和家庭实际能力、过度付出的父母，更容易将爱与怨、奉献与委屈交织在一起，让孩子觉得：无论自己怎么做，都是个不够好的孩子，因为自己永远亏欠父母的。小斯自始至终是清醒和诚实的，因为他可以分辨出头脑中的道理和心中的感受间的差异，而且在告别这个世界前清晰地用文字表达了出来。反观作为成人的我们，却活着活着就将内心的感受和需求隔离在了生命之外，越活越麻木，越活越功利，越活越无法诚实地面对自己和他人。这样的我们，又如何对孩子进行生命教育呢？

后来到了达外，我曾想过可能会有改变，但我情商低，太天真。第一次月考全校73名，打电话的时候跟我妈说了，我妈说才73名。呵呵，我在电话另一边都快气哭了。达外竞争多激烈，其他同学考到前600名家长都有奖，而我呢？不要把我和那些非常努力学疯了的同学比，我不是多么有志气、多么高尚的人，我只是遵循我的心，做一个我想做的人。而且，我在达外难道没有好好学吗？有一次因为考试时语文作文没写好，我哭了，我也说不出为什么。还有，我用爷爷那个老人机，卡了个bug开了超级QQ，只有第一个月扣了钱的，那时候超级QQ是显示全天在线还是24小时在线来着，然后我爸看见我在线，打电话过来骂我，老话——输不输老子两耳屎铲起来。就看见老子QQ在线都要骂我，我不做评价。再然后说好我得了一等奖学金就给我买电脑，然后我全校第五（初一下学期）——数学满分、政治满分、地理满分、英语99，其他也都是九十几。我爸问英语学懂了吗？我说学懂了，他说：“娃儿不要骄傲自满，半灌水响叮当。”我说没有学懂，他又说：“那你这一学期学了些啥子。电脑也说什么什么现在买了影响学习（我一周回去一次），说上网会上瘾什么的。以前在福州，每天只让玩5分钟，我就玩玩QQ农场，时间还不一定够。还说什么网上有不好的东西，不就是黄色信息吗？还以为我们不知道，五年级就知道那些事了。”

“我不是多么有志气、多么高尚的人，我只是遵循我的心，做一个我想做的人。”这样的孩子，这样的表达，我们还有什么理由说他们“不懂事”呢？真正“不懂事”的，是我们这些自以为是的大人。借着小斯的话，我们可以问问自己：“我有没有遵循自己的心，做一个我想做的人？”当我们能够大声说“是”的时候，才具备了做一名生命教育者的真正资格。

“不要骄傲自满，半灌水响叮当。”这样的话，太多的父母都对孩子说过。话本身是好话，可是，说话的人如果始终板着脸、假装对孩子的努力和进步视而不见，孩子得到的就不是智者的忠告，而是“我永远都不够好”的宣判。我在《给孩子一生的安全感》里，写过一位博士生的故事。留学海外的他，因为不敢当众发言，尤其不敢在学术会议上发表演讲而来咨询，而他的恐惧，正是来自从小到大“从来没有被父亲肯定过”。他说：“无论自己取得多大的成就，父亲永远都不会满意的，因为父亲永远只重复一句话，‘不要骄傲，没什么了不起’。”作为父母，也许我们从小也是被这样教育长大的，觉得自己能承受，孩子也理应能承受，却忘了我们的童年与他们的童年所处的时代和社会，已经不同了，他们所承受的期待和将要担负的责任使命，也和我们大不相同。人类在发展，亲子关系模式如果还卡在原地，心性就会进一步扭曲。

还有，玩游戏，一个人玩是没什么意思的，玩个游戏不求别的，就为了装逼。看见同学玩《穿越火线》的时候我也玩，等《穿越火线》技术熟了，他们又去玩《逆战》了，我又玩《逆战》，等《逆战》技术等级上去了，仓库里全是极品了，他们在玩lol。我试着玩了玩，实在不好玩。说白了我就是想刷存在感，我爸说我骄傲，真是可笑，我一直很自卑，个子矮，穿的衣服不好，他们说的事，我一件都没听过。反正我越来越自闭，心里越来越……说不出来的感觉。反正我觉得我自己很不好，除了成绩。后来我越来越反感我爸，心情几乎没好过，我就故意不学习，考差点（不是我吹，不写作文，睡到广播里说离考试时间结束还有半小时，数学才开始写，我还是考了全校335名），希望我爸能问问我之类的，稍微改改，然后打电话第一句："你是不是不想在达外读了？我给你转到其他学校去，莫浪费老子的钱。"然后我就知道，我的人生以后都会很黑暗，也许有些夸张[1]。但我只要待在家里或者和他说话，我的心里就高兴不起来。再然后，我发现我活得没有任何意义，因为我的心已经变得自己都感到厌恶了，明明充满了负面情绪，却……我觉得我已经毁了，我的情商太低，情感这方面严重有问题，感觉不到父母对我的爱，分离时不会有不舍，就连喜欢一个人现在想想也只是因为心里很空洞，想放一个人在心里而已。

"说白了我就是想刷存在感……我一直很自卑，个子矮，穿的衣服不好，他们说的事，我一件都没听过……反正我觉得我自己很不好，除了成绩。"小斯的每一个字，都在真诚地剖析自己，万分遗憾的是，活着的时候没有人听。太多孩子内心的痛苦，被他们优秀的成绩遮掩过去，不是孩子们有意为之，而是周边的成人将"好成绩"等同于"没

1 注：后来孩子高中真的被转了学。

问题”。就像歌德在《少年维特之烦恼》中所说：“哪个少年不钟情，哪个少女不怀春。”青春期的孩子，谁不在意自己的形象，谁不期望得到爱慕呢？可惜的是，从少年少女时代走过来的父母，真的会忘记这些纯真的心路历程，因为他们自己的青春情怀，也从未被认真对待和倾听过。作为成人，当我们嘲笑孩子的幼稚和青春期的躁动时，其实是在悲哀地埋葬曾经青春过的自己，以便粗糙地活下去。

“再然后，我发现我活得没有任何意义，因为我的心已经变得连自己都感到厌恶了……”常有不明就里的人，在每个有关孩子自杀的新闻后面，发帖指责孩子“脆弱”“不懂事”“不知感恩”“没有责任心”等。我想告诉大家的是，其实这些孩子，除了急性冲动自杀、精神病性自杀或者模仿动画片和游戏误杀了自己外，往往是活得更认真、更纯粹、更不想糊里糊涂将就一生的人。他们的内心单纯洁净，看中生命的品质，不愿变得麻木粗糙。二十年前，我在北京回龙观精神病院参访时，遇见一位在医院工作了三十多年的护工大哥，护工大哥看着院子里自由活动的病人们，湿着眼睛跟我说：“守护他们是我的幸运，他们都是好人，这世界上难得的好人……”我想，大哥口中所说的“好人”，和我想要传递给大家的是同样的意思。

这些不幸患了“分裂”并导致“自杀”的生命，其实比活着的我们更想要好好活下去，而他们“好”的标准，往往像孩子一样纯净。分裂和自杀，是不得已的选择，如果身边的人们能够更早读懂他们“优秀”背后的无助，更及时地帮助他们的心性在保持纯净的同时生长出更多面对现实世界的根须，那该是多么温暖的事。

“就连喜欢一个人现在想想也只是因为心里很空洞，想放一个人在心里而已。”小斯对自己的剖析，比许多成年人更深刻。可是，为了给孩子更好的未来，匆忙应付生活的成年人们，又怎么能听得懂和承接得住这些细腻而深刻的感受呢？如果我们打着“生命教育”的旗号，却在做着磨灭生命价值和美感、忽略心我需求的事，又怎么能不去面对一个接一个孩子离去的伤痛？生命教育，不是口号，不是技巧，是生命对生命的感召，是活出来的细腻和美好。

我的情感有缺失，就像小时候不觉得风景好看那种说不清的茫然的感觉，然后呢，我对未来更加茫然，更加害怕，不觉得活着有什么意思，虽然我知道助人为乐会让人感到快乐，谈恋爱会让人感到幸福，做一些很有意义的事会有成就感。但我并没有感到对我多么有吸引力。

“我的情感有缺失”，是小斯对自己问题的总结。他一直在直面自己内心的残缺，也一直在试图帮助自己，思考过“助人的快乐”“恋爱的幸福”和“做事的成就感”，但都无法“吸引”自己。没有了吸引自己的事物，没有了方向和动力，物我虽然可以靠着“地心引力”存在于世，“心我”却茫然无措地飘浮在理想与现实的夹缝中。

为人父母的我们，有必要问问自己，假如我们的心我也都在茫然地飘浮，那么，又拿什么来吸引孩子呢？优秀的成绩？美好的未来？他人的赞誉？传世的资本？在孩子那里，答案只有一个，以爱的名义呈现爱，而不是以爱的名义呈现伤害。爱在当下，不在将来。即使我们有一万个专业术语来代替小斯自己“情感有缺失”的总结，对于生命教育来说，也没有太大的意义。生命教育，首先当是爱的教育。

然后，又想起了一些补充的。在福州那边，我用电脑玩《穿越火线》，然后电脑中病毒了，我爸责备我，打了我，再然后，我无意中看见了360浏览器下载任务。快播请你下正版的好不好，不要点那些网站里的下载链接。那种聊天室要么是骗人的，要么是要钱的，不要那么天真好不好。还怪我？我玩个《穿越火线》招谁惹谁了！中病毒？除非我想开挂去下载，外挂才会中病毒，哪些该下哪些不该下，我作为一名老司机会不知道？

小斯的这段话，让我想起曾经接待过的一位母亲。这位母亲给11岁的女儿收拾房间时，看见一张字条上密密麻麻地写着："为什么我们小孩说什么做什么都是错的，你们大人说什么做什么都是对的？为什么你们大人就算错了也不认错？反正都是我的错，我活着就是最大的一个错，那我就去改错吧，我不活了，可以吗？我死了是不是就对了？！"母亲说："看着特生气！什么逻辑！养她那么大，动不动就要去死，有没有良心？"我问这位母亲："除了生气，您会不会有一点担心呢？"母亲说："不担心，小孩子嘛，就是撒娇耍赖、威胁我们而已，不会真的去死的。您帮我看看怎么样让她认识到自己的错？"

"大人总是对的"，这是许多孩子成长当中的痛苦之一。如果孩子已经觉得"活着就是最大的一个错"，而父母却依然认为他们是在"作"，那么，父母在物性和心性层面上，就都与孩子断了联结，即使加班加点拼命积累财富，也不可能积累出孩子的幸福。这是小斯父母刻骨铭心经历过的委屈和伤痛，也是很多父母还没有意识到的致命危险因素。一些亲历过亲人自杀的成人，甚至到最后也无法理解、也不愿相信自杀者心中的痛苦。一个女孩曾跟我描述，患抑郁症多年的姐姐，自杀的那天早晨显得比往常更加轻松愉快，以至于她和母亲都觉得，姐姐已经恢复了，太阳终于出来了。紧接着，姐姐像仙女一样，微笑着轻盈地飘过她们身边，当着她们的面从楼上跳了下去。我们会在“危机”这一课里进一步讨论如何辨别自杀前的危险行为，而在这一课里，我更希望大家借着小斯的文字，看到孩子的心中的隐痛，更早地建立起危机防范意识和心理机制。

我10岁生日许愿，本想许个长生不死的愿望，后来觉得不可能，然后就许愿希望自己从10岁开始，衰老速度变为原来的一半，这或许就是我长不高的原因吧！我还在10岁的时候作死预言过我活不过18岁，然后，竟成真了！我不知该哭还是该笑。

还有我曾想过这是不是楚门的世界（那时我还没看过这部电影，反正意思是这样），后来觉得应该不是，因为我怎么可能是主角！现在却认为，这世界上的每一件事都是注定的，包括我现在写的。有人会说你的思想可以改变这些，那么你的思想又是哪里来的呢？来自这个世界，思想形成也是由周围的环境、人等因素所共同作用的。嗯，存在即真理。所以呢，如果我没有想太多，其实我还是可以作为一个人，普通地存在于这世上，遵循这世界的规则。但我不想，因为我并不开心、不顺心。写得很乱。看了这些，可以觉得我有病，活在自己的世界中。其实我觉得我有双重人格，或者说精神分裂，因为一方面的我写着这些，另一方面的我也在思考作为一个正常人看到我写的会怎么想。你们怎么想都无所谓了，就当我有病，病得不轻。我也想过你们会不会说我既然……那为什么……因为我有病，或者有人说我是逃避现实什么的，你也可以这么认为。反正我死都死了！随便咯！然后，把我当朋友的、心中有我的，我的心也是，但抱歉。再然后，这不是写给我的家人的，反正以他们的思维、角度与立场，我也跟他们说不清。我的尸体，不用埋了，要么烧了，要么扔了，别把我拿回去。心烦！至于对不对得起谁，说得这世界会因我的死而毁灭一样。算了不多说，还是那句，我有病。无论你们有什么疑问，都是这个回答。如果有什么没有写到或者没有写清楚的，也算了，我写这个也只是顺心而已。PS：其实我很早就想写这些了，我也一直在想，我死后不同的人看到这些会有什么想法，会不会上新闻啊，会不会有专家来分析啊，反正我想得太多（包括你们看到这句话的想法）。

小斯“10岁生日的愿望”与我们之前提到的4岁孩子的生日愿望，无意之中形成了鲜明的对比，让我们从不同角度看到孩子对“生死”的态度。10岁的小斯，曾对生怀着深深的眷恋，但同时又提醒自己戒除“长生不老”的贪念，因为“不可能”。他理性地修改了自己的愿望，想要慢点老去，却又在后来预言自己活不过18岁。这些细腻而真实的关于生死的思考与感受，如果在他10岁那年有人倾听，有人帮助他一起面对未曾表达出来的死亡恐惧，18岁的他，会不会多一些力量面对生的困境？而4岁的小男孩，则对父母的“生”怀着深深的眷恋，恐惧的是父母的死亡。这是这个年龄段孩子常有的表现，小男孩将它呈现为“早点死掉”的生日愿望，好在父母听见了。听见，是了解的开始。所以，生命教育就像心理咨询，听比说更重要。

小斯的文字到这里，就和他的生命一起戛然而止了。我试着想象一个决定去死的孩子当时怀着怎样的心情，以如此细腻真挚的方式，写下很早就想写的这些心灵历程，每想象一次，便多一重心痛。直至生命的终结，他也没有奢望父母的理解，而“家”也从来都不是他身心可以依靠和归属的地方，所以“别把我拿回去，心烦！”

是什么让孩子的心性如此扭曲到非要结束自己的生命？回顾我们上节课的内容，您会发现，是父母“人性”中的贪嗔痴，而不是父母本身。因为缺乏觉察，所以误伤挚爱，从这个角度来说，没有机会早接受生命教育的父母，也是无辜而令人心疼的。含辛茹苦的父母，本来是想要给孩子“更好的未来”，却没想到，没有“这样就好”的现在，孩子又怎会撑到他心目中“可能更黑暗”的未来呢？

再次向心灵的“大体老师”小斯致敬，感谢他为生命教育留下宝贵的资料，为父母心怀敬畏地走进孩子的内心世界，提供了一条真实不虚的路径。

心性层面的生命教育，在关系中改进

我们借着小斯的案例解读孩子的心灵困境，并非为了谴责父母。谴责，对父母来说也是不公和无用的，因为父母也一样缺失生命教育，一样没有机会将生死大事、育儿正法思考清楚。尤其是近年来频发的弑亲案例，也一样让人痛心不已。小斯的父亲在面对媒体采访时悲伤不已：“18年的养育之恩换来的却是仇恨。”这也是许许多多父母悲哀的心声。

仔细研读每一个自杀或者弑亲案例，你会发现心性层面最根本的伤痛，无不来自关系。对孩子来说，糟糕的成绩、同学的冲突、严苛的规则，都没有得不到父母的理解和支持来得更痛。所以，要让孩子热爱和珍惜生命，需要先让孩子在亲子关系中得到足够的生命养分，让父母变成他们的队友，让家变成可以疗伤的地方，让他们先感受到自己的物我和心我都被热爱和珍惜着。

最好的生命教育，是爱。

2008年汶川地震后，我在灾区陪伴过一对残疾夫妻。这对夫妻当年已年过六十。他们老来得子，儿子长得健康阳光、高大、帅气，2008年正好满18岁。5月12日地震前10分钟，即将参加高考的儿子复习完功课，对在菜园里忙碌的爸爸说想要躺下休息一会儿，让爸爸别忘了叫醒他。只有一条腿的爸爸说，地震发生的一瞬间，他拼命地往屋子里冲，可是屋子塌了，儿子没了，只剩下床前摆放得整整齐齐的一双球鞋。我在安置板房里见到这对夫妻的时候，他们恭恭敬敬地将这双40码的干干净净的球鞋捧到我面前，说："这是儿子唯一留下的。我们以后都不可能再有孩子了，有儿子的这双鞋在，我们就满足了，我们一家人永远在一起。”我问能为他们做些什么，爸爸说：“不用不用，我们能行。我们俩每天相互鼓励，还会去陪儿子同学的父母说说话，他们的孩子也没了。我还有三轮车，可以帮着运送物资，以后也可以自己养活自己，所以，政府的资助金我们都没有去领，留给更有需要的人吧。我们活得好，儿子也高兴。他陪了我们18年，这18年是我们最快乐的时光了，我们一家三口的每一天都没有白过。老天爷给了我们这对残疾人一个这么健全优秀的儿子，本来就已经很厚待我们了，现在老天爷叫儿子回去，就让儿子安心回去吧，我们知足了。”

我感动地望着这对夫妻和他们手里的球鞋。经历过死亡和悲伤的洗礼，这个家庭不仅没有让人感觉到残缺和绝望，反而以更稳固和完整的方式带给周围人更多的希望：活着的每一天，一家人都真正地“在一起”。那个被我们称为“生命教育”的大事，就在日常生活的点点滴滴里融入关系和血脉里，让生与死都变成了可以坦然面对的事情。虽然“老天爷”掌管着生死，但活在爱里就可以顺应自然、珍惜生命。

具体到生活里，我们可以做做下面的练习：

1）分别以父母和孩子为核心，绘制三份家族的生命图谱，看一看，如果不受金钱、学业、前途、工作等外在因素的牵绊，家族中对父母和孩子的生命影响最大的分别是谁？最让父母和孩子热爱生命的人是谁？最让你们害怕的是谁？你们最愿意向谁求助？最想要远离的又是谁？

2）与孩子一起讨论这三份图谱，探讨“家”对你们来说意味着什么？如果你们只能从家里得到一样东西，你们最希望得到什么？如果只能给予家里一样东西，你们最希望给予的是什么？

3）以“陪写作业”为脚本，父母和孩子角色互换，演一演你们日常的生活，看一看会有什么不一样的发现？

4）以“生与死”为脚本，每个人轮流演出自己的出生与死亡，其他人分别给出祝福与告别，如果有人流出眼泪，就学着一起流泪，而不是相互掩饰、评判、制止。一家人一起面对真实的情绪，既同甘也共苦。

5）一家人围坐一圈，分别写一写自己的“墓志铭”，以及自己离世时最想听到的音乐。轮流分享这些小秘密，听的人不带任何评判、不打断、不纠正，只是倾听、倾听、再倾听。如果愿意，可以发自内心给分享者一个紧紧的拥抱，让拥抱告诉彼此，无论经历什么，无论生或死，你们都是队友、都会一起面对，在爱的层面，你们永不分离。

这些练习，你可以根据孩子的年龄和家中的实际情况，选择合适的时间，分别完成。你更可以本着心性层面的生命教育，在亲子关系中改进的原则，参照练习的主题，创造出适合您和孩子的游戏。无论你怎么做，都请记得只有在亲子关系中被珍惜的孩子，才会珍惜生命。珍惜，是倾听而不是灌输，是陪伴而不是疏离，是“这样就好”而不是“那样更好”。

孩子的心我，是在亲子关系中形成的。亲子关系越健康，心我越安定，越能够对物我说“是”而不再需要通过追杀物我来逃离关系。

就像我在《给孩子一生的安全感》里所说：当我们对孩子的错误行为说“不”的时候，也一定要记得对孩子的生命说“是”。

更多心性层面的练习，我们在“危机”这一课里会再次涉及。生活本身，就是一刻也不停息的练习，只要我们带着觉察、爱和智慧，就会明白“人生除了生死，其他都是擦伤”。

了了有何不了，生生还是无生

回到前面的问题，“为什么抑郁症总是袭击乖孩子”，如果我们透过这些孩子的故事看见他们的父母，就会找到答案。因为乖孩子的父母，往往正是那些不能对自己的生命说“是”的人。不能对自己说“是”，所以总看见孩子的“不是”，总想要他们“更好”，所以做不到“了了有何不了”。

根据媒体的采访报道，小斯的父亲正是这样一位令人同情的中年人。

小斯自杀那年，父亲44岁。用记者的话来说，“他是千千万万农民工的缩影”。小时候，他因家里贫困，读完小学就辍学在家务农。20岁那年去了广州打工，因为没文化，只能做搬砖运沙的小工，十分辛苦，每月只有200元的收入。后来，他省吃俭用考了驾照，成为一名长途货运司机，整天奔波在高速上。结婚之后，他有了两儿一女，大儿子小斯从小就表现出了超常的智力，于是，他决定把所有挣来的钱都投入到大儿子身上，重点培养，以求通过大儿子改变家庭的命运。记者说：“这个决定就像在他心中设下了一场赌注很大的赌局，他输不起。”小斯也曾对同学说：“我爸妈为了我付出了这么多，我特别怕对不起他们。”“我为什么生在这样一个家庭，我已经使足了全身的力气学习，难道他一点都看不到吗？”学习成绩下滑后，小斯说：“完了，我爸爸对我失望透了。”

“爸爸对我失望透了”，背负着父子双重的“不是”，孩子的路只能越走越沉重。而爸爸，在他离去后仍无法理解：“为他，我们倾尽了所有，比他小一岁的弟弟初中毕业就外出打工，老家家家户户都修了砖房，我家还是个土坯屋。为他读书我们能做的都做了，儿子为什么这样记恨我，至死还不肯原谅我？”

爸爸从来没有意识到，自己想通过孩子的“是”来证明自己的“是”，可是，却看不到孩子“已经使足了全身的力气学习”，所以，不断用孩子的“不是”来提醒孩子：“我为你做的远比你现在做的要多得多，无论你怎么努力，都还不够。”

做了，却放不下，所以父子俩都承受着没完没了的伤痛。这样的人生，没有丝毫的乐趣可言。即使一部分“小斯”最终挺了过来，成为别人眼中优秀的成功人士，但他们却永远活在“我不够好”“我不是父母想要的孩子”的阴影中，一生的努力常常只为了赢得父母的认可，被父母看见他们已经“使足了全身的力气”。

美国抑郁症问题研究专家史培勒说：“抑郁症往往袭击那些最有抱负、最有创意、工作最认真的人。”这也是我二十多年咨询工作的深刻感受。这样的人身后，常常站着“放不下”“看不见”的父母，所以，无论他们怎么认真努力，都永远觉得自己“不好”“不是父母想要的”，这样的心我，外在越优秀，内在越枯萎，毫无生机和生趣，直至所有活下去的热情全部被抑郁收割。

有一次，给上千位父母讲完课，我去参访当地的一座寺院，门上的楹联深深地印入我的心中。

见了便做，做了便放下，了了有何不了

慧生于觉，觉生于自在，生生还是无生

这副楹联，出现在国内很多的寺院中。我希望更多的人能够看见、看懂。

无论对孩子还是对自己，做我们能做的，做完了便放下，让心我从没完没了的否定和怀疑中解脱出来。而要做到“了了”，需要接纳每个当下，用心觉察，看见最终能够支持生命活下去的，是内在心我的自在自得，而不是外在的好成绩、好工作。

父母先处理好自己与自己的关系，才能处理好自己与孩子的关系，进而在关系中改进真实的生命教育。要做到这一点，需要“慧生于觉”，而慧的凝聚集结，就来自慧性层面的“我”。

这一课，留给你的作业是拿一张A4纸，从中一分为二，像下面的图例一样，左边的抬头写上“当我对自己的生命说‘是’的时候”，然后以“我喜欢自己的……”开头，写10个句子，列在下面；右边的抬头写上“当我对自己的生命说‘不’的时候”，然后以“我讨厌自己的……”开头，也写10个句子列在下面。写完之后，深吸一口气，思考下面几个问题。

1）当我对自己的生命说“是”的时候，我会怎么跟孩子相处？

2）当我对自己的生命说“不”的时候，我又会对孩子做些什么？

3）当左右合并，我能够接纳全部的自己时，我和孩子的关系会有怎样的不同？

当我对生命说“是”的时候	当我对生命说“不”的时候
我喜欢自己的……	我讨厌自己的……
我喜欢自己的……	我讨厌自己的……
我喜欢自己的……	我讨厌自己的……
…………	…………

第五课

被扼杀的慧性：
“没有标准答案，我要结束自己的生命”

大人为什么那么怕创造性自我

昭然独明，
若风吹云，
故曰神。

——《黄帝内经·素问》

“没有标准答案，我要结束自己的生命”

小E是一个11岁的女孩，小学五年级。母亲带她来见我，因为发现她试图割腕自尽。

第一次见面的时候，母亲搂着女儿，泣不成声，断断续续地说：“我的乖乖，我的宝贝，我从小捧在手心里的宝贝，为什么，为什么，不就是写个作业吗？你为什么要吓妈妈，为什么？”

小E也哭成了泪人，瘫软在妈妈怀里说：“妈妈，我不能，我不行，我不敢。妈妈，我不知道怎么做才是对的，我不知道老师的标准答案是什么，我写再多，老师肯定会说是错的，怎么办？怎么办？怎么办？错了还要改，上课下课都要改，改了还要错，我不要错，我不要改十遍，我要考好的中学，我要妈妈高兴，我做不到。妈妈，我讨厌我自己，我是个坏人，我要结束自己的生命。”

妈妈哭得更伤心了，一边把女儿搂得更紧，仿佛一松手女儿就会离自己而去，一边拼命摇头说：“不是不是，宝贝，你是好孩子，你在妈妈就高兴，妈妈不要你考好的中学了，你不想改错，妈妈就去跟老师说！好不好？好不好？”

女儿在妈妈怀里用力挣扎了一下，似乎想要推开妈妈。她闭着眼睛大喊:“我——不——要！我不要你跟老师说！我不要跟别人不一样！我已经认真听课了！我已经认真写作业了！可是我还是不知道标准答案是什么！妈妈你为什么也不知道？那我怎么办？！如果我写的不是标准答案，我就白写了，还要重写，我累死了。妈妈，我好累，我讨厌妈妈！为什么老师都知道标准答案，为什么你就不知道？！为什么你就不能告诉我？！”

妈妈怔住了，渐渐止住了哭泣。在女儿的哭喊里，她才终于明白，逼女儿想要自杀的，居然是语文作业里的一道阅读理解题。原来，头天晚上，她发现女儿坐在桌前发呆，东摸西摸就是不抓紧时间写作业，不由得大发脾气。女儿也很生气，把作业本摔到她面前，问她应该怎么写。她随口说:“我怎么知道怎么写！不就是阅读理解吗？你想到什么就写什么啊！你那么大了，不会想吗？还是好学生呢！一道题就把你难住了？那我天天处理那么多工作上的困难，回家还要面对你这个‘小难题’，我岂不是要难死了？！”

妈妈劈头盖脸地发泄完，转头去给女儿端牛奶，等她再回到女儿房间，发现女儿正举起美工刀向自己的手腕划去。

妈妈说："我真的没想到，那么优秀的孩子，竟然那么害怕犯错，那么依赖标准答案。"

害怕犯错、依赖标准答案，其实，这正是许许多多"优秀孩子"的通病。更确切地说，不是孩子病了，而是我们的教育模式病了。当一切都为了应试，"标准答案"就成了唯一真理。只是，这样的"真理"不能使生命自由，只能令慧性窒息。许多知名作家发现，当他们去做以自己文章编写的阅读理解题时，乐观的情况是"能得一半分就不错了"，可怕的是居然连自己文章的"中心思想"都答错了，因为不是"标准答案"，这实在"很恐怖"。

最恐怖的是，被标准答案扼杀的，正是最具慧性的孩子。

我们在第一课里分享过，在生命教育模型里，我将慧性定义为以超越时间和空间的形式存在，不受物种和形态限制的，与天地万物发生感应的生命属性。

因为能超越时空，所以未被标准教育格式化之前，有慧性的孩子会说"太阳从山那边出来""崇明岛在发光的地方"；因为不受物种和形态限制，所以在2020年3月上海杀妻案中，有慧性的小狗会在女主人遇难时不顾一切地冲进燃烧的房间，陪伴主人一起死去；因为能与天地万物发生感应，所以五百多年前的明代理学家、教育家王阳明以“心外无物”“此心不动，随机而动”“破山中贼易，破心中贼难”的心学要旨百战百胜。无论哪个年代的孩子，回到大自然里便生动活泼许多。

被天地万物滋养的生命，远比被标准答案禁锢住的生命更有趣。因为天地之大，允许我们每个人都发展出创造性自我，享受活着的乐趣；而试卷方寸，可以用来巩固知识、表达观点，却无法以教育之名让孩子找到生命的意义。

找寻生命的意义，需要慧性的绽放。在第一课里，我说过：“孩子的慧性，常常比大人更清澈有力。”“慧性存在于语言之上，语言限制人的生命力，慧性则让人从万物中汲取生命力。”而那些阅读理解的标准答案，不仅会扼杀孩子的慧性，还会让孩子的心性随波逐流，陷入内卷游戏，不断猜测老师的想法，迎合他人的对错判决；同时，因为答案不标准，要孩子重复改错，又会让他们稚嫩的物性备受折磨，尤其是“好孩子”们，既要保住“好”的标签，又希望字迹漂亮符合自己的审美要求，同时还要放弃玩耍的时间，在规定的时间内改完错。被驱赶的疲惫身心，慢慢学会了只做“有用”的事，只说“全对”的话，不断放弃和背叛真实自我的思考和感受，做不了真实的自我，又如何接受“生命教育”呢？

遗憾的是，我们这些大人，却常常一句“不就是……吗？”便堵住了孩子的嘴。

那双反复抄写标准答案的小手，记不住抄写的内容，只记住了“我是错的”，所以，当他们实在无力握住改错的笔，就只有握住自我伤害的刀，结束“错的”自己了。

多么痛的成长，换作我们，还愿意珍惜这个“做什么都不对”的生命吗？

除非有人愿意还些闲暇给我们，让我们的慧性暂时摆脱欲望的障碍，心性暂时逃离对错的判决，物性有时间分泌刚刚好的多巴胺和内啡肽，我们才可能安抚习性的躁动，不让毒性发作，活得兴致勃勃。

从慧性层面回答：人是什么

假设你是一名参加考试的学生，要回答一道100分的大题——人是什么？请问，你的答案是什么？再猜猜看，标准答案又会是什么？

显然，没有标准答案，不同的角度得到的答案各不相同。我们在前面的课程中分享过物理学家薛定谔的观点，这一课里，我想跟大家聊一聊叔本华。没错，就是那个影响了薛定谔的德国哲学家。他的晚年著作《人生的智慧》，经历了160年的时间洗礼，至今仍被学者和大众奉为经典。更重要的是，叔本华在书中所探讨的“智慧”“人”“幸福”等关键词，也正是我们在生命教育的慧性一课里要探讨的重点。就着叔本华的思想，让我们一起探寻过好自己这一生的智慧，而智慧是生命慧性层面最美的结晶。

被人们称作“悲观主义哲学家”的叔本华，1788年生于德国一个富商家庭。作为“富二代”，他不愁吃穿，但一生都离群索居，始终致力于探索人生问题，在康德、柏拉图和东方佛学观念的基础上，形成了自己独特的哲学思想。31岁时，他出版了著作《作为意志和表象的世界》，认为“人生就像钟摆一样，在痛苦与无聊之间摇摆——当欲望得不到满足时就痛苦，当欲望得到满足时就无聊”。叔本华对这本书充满自信，但事实是，此书在一年半的时间里只卖了不到100本，备受冷遇；直到63岁，叔本华又为这本著作写下了《附录和补遗》后，找到一家小出版社勉强出版，没想到却引起轰动，成了畅销书。《人生的智慧》是《附录和补遗》的一部分，就好像是叔本华为“人生钟摆”找到了定锚，而这样的定锚，恰好是每一个想要在痛苦和无聊的人生里寻找幸福的人都渴望得到的。

可能你会觉得很好奇，作为一名从业二十多年的心理咨询师，在讨论生命教育的时候，为什么要谈到这样一本不太好懂的哲学书呢？

在我看来，哲学是所有学科之母。心理学从哲学而出，也终将回归到哲学。眼下的中国，心理学正处在越来越热闹的阶段，和我二十多年前创办林紫心理机构时的情形形成鲜明对比。这热闹无论对于大众还是热爱这门学科的人来说，都是一件好事。不过与此同时，我也希望大家看到心理学和任何一门学科一样，都有它的局限性，需要有人在热闹中保持冷静，并尝试在比心理学更深广和更持久的层面上继续探索，尝试从人类本身的局限性中探索更多的可能性。

我想，我愿意做这样一个相对冷静的人，与大家一同前往生命的更深处，在那里，播下生命教育的种子，让它由内而外、自下而上地生长，让每一个孩子的生命，真正自在舒展、如花开放。

而作为父母，梳理好自己的人生哲学，回答得了“从生到死有多远”，才可以真正成为孩子合格的生命教育导师，不做孩子的“猪队友”。

这些年，很多愿意成长的父母，尤其是妈妈们，成了“心理学习专业户”。大家非常认真地将心理学当作知识、技术和“道理”来学习，学到最后往往会感慨：“道理我都懂，却还是过不好一生。”我的感受则是：“想要过好一生，不是靠知识和道理的堆砌，而是靠人生智慧的累积。”而关于智慧的议题，更多的探索是在哲学的层面。与此同时，组成各个学科乃至组成我们自身的所有要素，其实也都像尘土一样，热闹一番之后，最终还是会尘埃落定，回归寂静与虚无。

尽管最终都殊途同归，但却不是每个人都能把回归前的日子过好。人的一生究竟怎么过才算圆满呢？在我看来，圆满的人生就像北大生命科学院前院长饶毅教授在学生的毕业典礼致辞中所说：“在你所含全部原子再度按热力学第二定律回归自然之前，它们既经历过物性的神奇，也产生过人性的可爱。”同时，在习性、物性和心性之上，还要有一道“慧性”的光芒，将我们的所有属性和谐地组织在一起。

什么是慧性呢？用叔本华的话来说：“所谓人生的智慧，就是如何尽量幸福地度过一生的艺术。”

谈到智慧，你可能会发现，这是世界上最难定义、最不可名状的概念之一。在我的女儿圆子7岁时，有一天突然问我：“妈妈，什么叫智慧？”我想了想，试着回答她说：“智慧就是能让我们管理好和过好这一生的，很宝贵的一种东西。”圆子又问：“比生命还宝贵吗？”我愣住了，仔细思考后，十分郑重地说：“妈妈觉得它跟生命一样宝贵，它本身就是生命的提纯物。”

我很喜欢一个词语——法身慧命，意思是以智慧为生命才是生命的高级阶段。二十余年心理咨询工作中经手过的众多案例，让我清楚地看到：缺乏智慧的生命，即使拥有再多的知识和技术，即使通过咨询解决了当下的困扰，在其漫长的一生中，烦恼仍会此起彼伏，是无法参透人生之“苦”的。同时，缺乏审美品味和闲暇的生活，会令现代人的生命力越来越枯萎，而要恢复这样的生命力，自然和艺术比心理学更“有用”。这些想法，我恰好在叔本华《人生的智慧》里一一找到了共鸣。

智慧本身是难以名状的。我们要探讨智慧是什么，一个好的方法是从与我们人生相关的不同维度切入，去看看这些维度下的智慧是如何显现的。在我最初建构的“智慧—幸福”心相模型里，我总结了三个比较重要的参照维度，分别是：幸福、知识和财富。

先来看第一个：幸福。如果说智慧就像宇宙深处万物起源的奇点一样的话，幸福则与它遥相呼应，就像人类心灵的“奇点”。虽无限小，爆发力却无穷大，一旦被激活，整个生命都会绽放光芒。

一方面，虽然叔本华说：“人生的智慧，就是如何尽量幸福地度过一生的艺术。”可是另一方面，叔本华骨子里又坚信：“这个世界中，唯有痛苦才是唯一真实的东西，而幸福不过是痛苦暂时的缺乏，不过是欲望与无聊较为迅速的交替。”

人生的本质是痛苦，快乐都是转瞬即逝的。

正是因为这一点，所以人们评价他是悲观主义的。不过在我看来，这不是悲观，而是清醒和理智地活着，因为叔本华想明白了一件事，那就是：如果只是向外部世界追求对欲望的满足，那么人生就只能在欲望得不到满足时的痛苦和欲望满足后的无聊中度过。但如果你知道“世界是我们的表象，不幸福只是因为你感觉不幸福”，换句话说，也就是明白了幸福在于自身而不是外部世界，那么人人都可以把痛苦的人生过成幸福的人生，因为个性决定命运，你是什么样的人，你就获得什么样的幸福。想明白这一点的人，就是智慧的人。从这个维度上来说，智慧就是能够向内探索，从自身内在机制而非外部环境中找寻幸福的能力。

我的一位男性来访者，他的父亲早年打拼创下一份辉煌的家业。随着父亲老去，企业的继承问题提上了日程，而他则在兄弟之间的权力斗争中陷入了焦虑。他身边所有人都认为，作为长子，他应该想尽一切办法争取企业的掌控权，关键时刻“不能掉链子”。

在开始的时候，他觉得大家说得对，所以竭力争取机会想在父亲面前展示自己的能力，但奇怪的是，越是想要展示，结果却越是事与愿违，不断出现的失误让父亲大失所望、暴跳如雷。

我问他：“面对父亲的失望，你的感觉是怎样的呢？”他说：“很矛盾的感觉，一方面觉得没有面子，一方面又好像松了口气，然后又因为‘松了口气’而觉得很自责。我甚至觉得，是自己在故意把事情搞砸。”我又问他：“把事情搞砸，能让你得到什么吗？”他想了想，说：“得到解脱吧，我其实一点也不想掌控什么。”我再问：“那么你想要的是什么呢？”他沉思了一会儿，说：“我想要平淡一点的生活，不想像我父亲那样一辈子只有工作。我其实更喜欢每天能够看看书、听听音乐，而不是没完没了的应酬。”我说：“听上去你想要的和身边人想让你做的不一样？”他点头说：“对！在他们眼里，我只有得到掌控权才算成功，才有面子，我觉得他们说的也有道理，所以才会硬着头皮冲上去，结果把自己搞得那么焦虑！”

接下去的几次咨询里，我们反复做着同一个练习：倾听自己内心的声音。直到最后，他挺直腰板，长舒一口气，有力地做了两下扩胸运动，放松而坚定地说：“我决定了，接受面子、权力和财产的损失，跟随自己的内心。如果不这样，我会损失更多重要的东西，一辈子都不会感到幸福快乐！”

除了幸福，知识也是识别智慧的一个参照维度。在“智慧—幸福”模式里，知识存在于一个人和智慧之光交界的地方，是人们巩固和扩展自我存在感的通道之一。不过，和智慧不同的是，过度地追求知识常常让人们离幸福的奇点越来越远。

我的另一位来访者，从小被公认为智力超群，人生的每个节点也踩得恰到好处：考入最好的大学，入职顶尖的公司，与心仪的女孩结婚生子，30岁辞职创业，几乎没经历太大波澜就把事业做得风生水起，在他人眼中完全是一个幸福的典范。就在这个时候，另一个女孩出现了，智力超群的他心想：我管理几千人都没问题，管两个家又算什么呢？结果，没到一年，他就发现自己陷入了前所未有的困境中：妻子患上了抑郁症、情人要求结婚、一向成绩优异的孩子突然开始厌学、公司业务出现滑坡，而他自己开始整夜整夜地失眠……来咨询的时候，他像是在问我又像是自言自语地说："我到现在都不明白，我是怎么把自己的生活搞砸了的……一个人怎么样才不会聪明一世、糊涂一时呢？"我说："也许聪明还需要智慧来把关。"他抬起眼睛，若有所思地望着我，继续问："聪明和智慧的区别是什么呢？"我说："我的体会是聪明让人盆满钵满，而智慧让人放下多余。"

盆满钵满，意味着尽可能地拥有更多。拥有更多，随之而来的烦恼也更多；放下多余，痛苦与无聊才会渐渐远离。这一点，不仅适用于情感，也适用于知识。我们所受的知识教育，长期以来都以向外的"更多""更好"为目标，缺少了向内探索的训练，结果，头脑学得越多，心却越糊涂，因为这样的教育和学习会发展出越来越多依赖外部评价的不健康的自恋。所以，20世纪80年代就开始研究心理学的苏州戒幢佛学研究所导师济群法师说："知识使人复杂，智慧使人单纯。”这是一个很好的标准，你可以用它来检验自己关于人生的知识与智慧的储备情况，看一看自己的人生是越过越复杂，还是越过越单纯了。

比如：同样一本心理学书籍，有的人读完后只认识了100个心理学概念，这是知识的储备；有的人读完后则认识了自己，这就是智慧的储备。知识的储备可以武装起复杂的头脑，智慧的储备则有助于回归心灵的单纯。叔本华选择了相对单纯地过一生，正如他在书里所说：“人生只需‘量力而行’。”意思是：“利用我们所具有的个人品质，遵循符合个人品质的方向去追求发展，避免其他的情形。”把精力放在认识自己、发展自己上，这就是叔本华的智慧。

帮助我们识别智慧的第三个参照维度是财富。我把它放在模型的右侧，和知识相对应。如果说人们对知识的追求是在精神层面拓展存在感的话，财富本身对应的则是人们物性的满足。叔本华说：“财富带来幸福，也会打扰幸福。”“财富这个词本身的意义是‘过剩’，对提升我们的幸福感帮助不大。”这让我想到一些来访者，他们一路奋斗，积累了许多人一辈子都不敢想象的财富后，却突然迷失了方向，找不到人生的意义了。他们一方面恐惧自己失去斗志后守不住现在的生活，另一方面又觉得现在的生活并不幸福，不是自己想要的。

其中一位来访者说：“以前有300万的时候，不开心了我就去旅游，然后想着等我挣到3000万就好了；后来有3000万了，去旅游也不开心，我就买跑车，想着等我挣到三个亿就好了；现在有好多个‘三个亿’了，不开心了我就买游艇、买私人飞机，可还是不开心！再往下怎么办？难道只有一边挣钱一边抑郁？”

和这些来访者的心灵困境形成对比的，是2005年我在《财富人生》节目中与罗大佑的现场对话。主持人叶蓉问罗大佑：“您身边的一位朋友告诉我们，您每个月的开销不会超过一万元，而且，您还经常去买打折的衣服，有没有这种事？”罗大佑说：“我是客家人，是比较节俭的。我反对浪费，我觉得浪费财富是一种罪恶，有限度而且正确地去消费，才是健康的人生。但是，我相信太节俭的生活，对我来说也是不健康的。”

我接着罗大佑的话说：“大家还知道，生活节俭的大佑在买吉他时却格外舍得花钱。在我来看，大佑是把对音乐的热爱变成了自己的财富，而且这个财富，随着时间的流逝，还在不断地增值。从后现代经济学概念‘对价’的角度来看，在什么情况下，你才会觉得自己是一个成功人士呢？那就是你愿意为某件事物付出代价，而且你还付得起！”罗大佑说：“对！太对了！”我接着又说：“所以，我想财富的多少，更多的是来自内心的感受，是一个心理量而不是物理量。”

13年后，歌手李健说了类似的话。他说：“我不买房子，我一栋房子都没有，但是我喜欢弹琴，我买了很多吉他。我买吉他比我买房子更有愉悦感。”

所以，你看，财富是把双刃剑，通过它获得了愉悦感和幸福感的人，是了解自己愿意支付怎样的心灵“对价”，并且能够放下多余和过剩财富的，这样的人，就是智慧的。

也许你会说：“这是饱汉不知饿汉饥！”我现在不幸福就是因为没有钱，等我有钱了自然就会幸福了！

看起来好像是这样，现代社会里，金钱财富似乎的确成了影响幸福感的重要因素，但美国心理学家对“乐透彩票”中奖者的调查研究发现，中奖1年后，他们的快乐程度和幸福感并不比没中奖的人更强烈。心理学家把这种现象叫作“享乐适应”，也就是说，花钱买喜欢的东西或薪水增加，只能带给人短暂的快乐，对人的整体幸福感提升有限。这种感觉就像在水车上奔跑一样，永远在追求，快乐感却仍在原地踏步，所以也叫“快乐水车理论”。

当然，不是每个人都可以或者必须去过非常简朴的生活，但我们可以带着智慧来看待和使用财富。缺少了智慧，过剩的财富、情感和知识，一样都会激发起人们更多的贪恋、嗔恨和痴迷，而人世间一切痛苦、烦恼和迷惑，恰恰都由此而来，所以对治“贪嗔痴”这三种习性之毒，只有勤修“戒（戒律）定（定力）慧（智慧）”。

如果说佛学的阐述让人对宗教有距离感的话，那么叔本华的表达则更能为大众所接受。许多对心理学和哲学感兴趣的人，都曾在自己的学生时代拜读和摘抄过叔本华的《人生的智慧》，觉得其中的“哲言哲语”能够给自己重要的启发。其实除了名言名句外，叔本华自律的一生更像是“勤修戒定慧”的教科书。据说他一生都过着非常规律的生活，比如，他每天早上7点到8点起床，洗完冷水澡以后喝上一杯咖啡，然后埋头写作到中午，禁止任何人打扰他。接着，叔本华会吹半个小时的笛子，然后穿上燕尾服去同一家餐馆吃午餐。午饭后，叔本华会回到自己的房间一直阅读到4点，然后带着他的小狗出门快速散步。傍晚6点，他会准时到图书馆，阅读《泰晤士报》。晚上，叔本华会去剧院看戏或者听音乐。散场后，又到同一家餐厅吃晚餐。晚上9点到10点左右回家后，他在床上阅读几页古印度的《吠陀》，然后一觉睡到天明。

这种坚持一生的自律，你可以选择把它看作“强迫倾向”或是看作“戒定慧”，但我们的看法影响不到叔本华的幸福感，却实实在在地影响着我们自己。对我来说，它正是我所理解的“管理好和过好自己的一生”。如果说智慧是人生纲领的话，自律就是行动准则，只有带着智慧自律生活，我们才能在面对知识、幸福和财富时，清醒地量力而行、向内探索、放下过剩的部分，发展出健康的自恋，而不是活在他人的眼光中。这样的我们，才能教育出热爱生命并且有能力过好这一生的孩子。

回答了智慧是什么，我们就可以进一步探究：人究竟是什么？

听到这个问题，很多人的头脑中会自动跳出生物学教科书式的回答：“人是高等动物。”显然，这是物性层面的定义。虽然越来越多的动物保护主义者开始对这个描述嗤之以鼻，但很少有人给出过醍醐灌顶、惊世骇俗的新定义。

学习心理学的朋友们，可能会进一步说：“人是群居的动物。”群居意味着建立关系，而关系中的人，是心性层面的。所以，我们在心性一课里强调过，要在关系中改进生命教育。可是，世界上有那么多群居动物，人和其他群居动物的根本不同又在哪里呢？

一位学艺术的大学生来访者说：“为了迎合‘群居动物’的标签，我努力强迫自己融入集体，但心里有一万个不愿意，离人群越近我越觉得孤独，越想让自己‘像个人，我就越觉得自己‘不成人样’。难道我非要跟别人一样，非要强迫自己适应社会，才算是个心理健康的‘正常人’吗？”

这是一个很好的问题。“社会适应性”起源于达尔文的进化论，不同的心理学家对心理健康的含义有不同的描述，但几乎都包含了“适应性”；世界卫生组织关于健康的定义，也一直沿用这个标准。其实古今中外一直存在着一些主动离群索居的高人，我们很难判断他们是否比我们更健康，比如叔本华。

在叔本华看来，“人，要么孤独，要么庸俗”“睿智的人会从痛苦不安中争取自由和闲暇，追求安宁、简朴以及尽可能不被打扰的生活。所以，一旦对人或事有了认识与了解，他就会回归质朴；倘若他是一个具有大智慧的人，甚至会选择离群索居。因为一个人自身拥有越多，想从他人身上获取的东西就越少，他人对他而言几乎没有意义，这也就是为什么一个具有高度智力的人通常是孤僻的”。

请想象一下，假如我们的孩子正是这样“孤僻”的人，我们能否仍然对他的生命说是、坦然爱他并且支持和陪伴他呢？

你的回答决定着你生命教育的价值取向，也决定着这样的孩子能否依然热爱生命、兴致勃勃地做自己。

在叔本华看来，决定人类命运的根本差别取决于三点。第一，人是什么；第二，人有什么；第三，人在他人的眼中是怎么样的。其中，“财富或是他人的眼光只是影响了人们对生活的规划和安排而已，‘人是什么’对人类幸福与不幸的影响才是最关键的。”

叔本华认为，人是他本身的健康、力量、外貌、气质、道德品格、智力和教养的总和。这些方面的不同造就了千差万别的人，而“人与人之间的差异，首先是由大自然决定的”。因为这些差异的存在，“即使在无限相似的条件下，每个人都还是只活在自己的世界里。”“人们用自己的方式来塑造并观察世界，世界由此为不同的人而呈现出不同的样子——可能对这个人来说，世界是空洞乏味流于琐碎的；对另一个人而言，它却极有可能是丰富有趣，充满意义的”。

这段话，让我再次想到王阳明。比叔本华早三百多年出生的王阳明，一生主要在做两件事：一是带兵打仗“破山中贼”；二是创立心学“破心中贼”。心学理论对中国近代历史进程和日本明治维新都产生了不小的影响，而理论的基础正是“心外无物”。我在线上课程《林紫的100堂心理课》里特别引用过一个“南镇观花”的小故事来说明什么是“心外无物”。有一次，王阳明和朋友同游南镇，朋友指着岩中花树问他：“你说天下无心外之物，那你看这株花树，在深山中自开自落，跟我的心有什么关系呢？”王阳明说：“你未看此花时，此花与汝心同归于寂。你来看此花时，此花颜色一时明白起来，便知此花不在你的心外。”——你看，这是不是与叔本华所说的“世界是我的表象”如出一辙？

哲学家们认为，叔本华是第一个将东方哲学思想融入欧洲现代思想的哲学家。有人开玩笑说，叔本华和王阳明的思想，似乎是一种量子纠缠。我很喜欢这个说法，因为它正好可以拓展我们关于“人是什么”这个问题的认知。

按照科学家的推算，人类35亿年以前来自同一个细胞，来自一个处于复杂的量子纠缠的体系。两个纠缠的量子不管相距多远，都不是独立事件。2020年诺贝尔物理学奖获得者彭罗斯，早在1990年，就与美国意识研究中心主任哈梅罗夫提出了有关量子意识研究的协调客观还原（Orchestrated Objective Reduction, Orch OR）理论假说。它假定我们的意识起源于神经元内部的量子水平，而不是传统上认为的只是神经元之间联系的产物。这个假说结合了分子生物学、神经科学、药理学、哲学、量子信息论、量子引力论等多种学科方法，被彭罗斯称为“新物理学”。彭罗斯和哈梅罗夫认为，如果人的大脑意识真是产生于量子信息状态，有量子纠缠存在的话，那么人体的信息是不会消灭的，只会回到宇宙的某一处，有点类似人们常说的“灵魂”。虽然他们的理论在科学界仍存在着很大的争议，但显然已经为人类对自身生命的认识又打开了一扇大门。更多的研究者涌入这个领域，让我们对生命教育的探讨可以不断深入、实时更新。

顺着这个话题向下，进一步的假说是，两个生命之中曾有交集的灵魂，有可能经过虫洞发生跨越时空的量子纠缠，并有了某种感应。

无论在我们的有生之年，研究会进展到哪一步，我想，在生命面前，我们都有必要保持足够的敬畏与谦卑，唯有如此，才能与孩子一起带着好奇和开放的心，兴致勃勃地体验这一期生命中的每一件事、每一个人、每一种可能性。同时，也才可能逐渐参透生死，在更大的层面上来定义自己，活出自己。

人，是和世间万物一样的存在，不高不低，不垢不净。听上去似乎很玄妙高深，但事实上，慧性未被扼杀和摧残的孩子都懂得其中奥秘。在我看来，孩子比成人更接近真理。在我的女儿圆子9岁时，我问她“人是什么”，她张口就说：“人就是一种存在。”我又接着问她：“你觉得什么叫‘存在’？”圆子说：“存在就是一种样子啊，就像太阳是太阳的样子，小鸟是小鸟的样子，你看到他们，他们就在那里。”我又问：“那比如说，亲人离开我们了，我们看不到他们了，他们还在不在呢？”圆子说：“当我心里想到他们的样子的时候，他们就在！”

圆子能够说出这样的话，与她从1岁起就跟着我亲近自然，参观博物馆，接触不同国家和地域的原住民有关。在香港太空馆看完天象节目《宇宙大爆炸》和《宇宙新视界》后，她说：“这个世界就像击鼓传花，一个传一个，一层一层剥开，就有了生命。”

这段很有画面感的描述，可能正是圆子回答“人是什么”时候的智慧源泉。虽然小小的她并不知道这意味着什么，但作为妈妈，我很欣慰，因为她开始像叔本华所说的那样，“站在更高的立场——即‘出生’并非我们生存的开始这个地基上”了。

生命教育的三种境界

叔本华的“钟摆理论”，类似东方智慧的描述——人们在追求幸福的过程中，得不到就陷入“求不得苦”里，得到了又陷入“爱别离苦”中，烦恼重重。烦恼又被称作“漏”，人皆有漏，有漏皆苦。怎么修漏呢？只有不断地向内增长智慧，管理好自己的心，放下盲目的外求。叔本华引用了英文中的“To enjoy oneself”这个短语来说明自己的观点，意思是真正的幸福是悦纳自己，而不是享受外界事物或环境。

真正的幸福是悦纳自己——当一个人长期体验不到生活的参与感、缺乏实现自我价值的路径时，再优渥的物质环境，也难以让人喜欢自己，悦纳自己。

两个企业家各自的儿子先后来咨询。他们是从小玩到大的好哥们，优渥的物质条件让其他同学羡慕不已，但是说起童年往事，同样的画面经他们的讲述却居然是两个不同的版本。小W说，父母一直很忙，忙着搞事业，忙着交朋友，忙着见亲戚，就是没有时间关心自己，所以小W从小觉得家里什么都不缺，就缺爱，以至于自己到现在还学不会怎么去爱一个人。小F则说，父母一直吵架，自己从6岁起，每天一睁眼，想的都是“我怎么还没有死掉”，只要有可能，他就尽量不回家，而小W家就是他精神的避难所，因为那里长辈和善、其乐融融，家中充满温情。他自己的家，则让他有了“死掉算了”的念头和自残行为。

不知道你会从这两个孩子的故事里感悟到什么。假如请你和孩子分别描述“家”的故事，版本会是怎样的？我邀请你做一做这个练习，为家庭生命教育清理一下物性、心性和慧性的场域。

优渥的物质环境的确可以给人带来享受，但一个重要前提是，我们喜欢那个环境中的自己；相反，当自己迷失在环境中时，单纯的物质满足就只能带来更深的无聊和惶恐。这正是为什么很多孩子长大后，一面拼命挣钱，一面却自我怀疑和厌弃的原因。

如何幸福地度过在“痛苦和无聊之间摆动”的一生呢？叔本华引用美国作家戈德·史密斯的话说：“不论身在何处，我们只能自身创造或发现幸福。”因为“自己是幸福唯一真实且持久的来源”。

回到“人是什么”的主题上来看，也就是说，一个人只有清楚明白地定义了“自己是什么”，回答得出“我是谁”，并且能够享受这个“谁”的存在时，幸福才会发生。

心理学里有一个经典的练习，是用“我是”开头，造20个句子。我请一对来访夫妻一起完成这个练习，妻子写20个“我是”，而丈夫写20个“她是”，写完后一对照，问题的根源一目了然。丈夫写道：“她是一个柔弱和依赖他人的人。”而妻子写的却是：“我是一个不喜欢依赖别人的人。”丈夫愕然，说：“可是平时你很依赖你妈啊！”妻子叹了口气说：“那是因为我妈需要我的依赖，从小到大，她一直很强势，我只有做一个乖乖女才能让她开心，但我自己不开心！我以为跟你结婚后我就能做我自己了，结果你跟我妈一样，看起来什么都在为我考虑，其实骨子里一直在否定和打击我，让我觉得离开你们就不行！所以我想做事，想改变，想要做真实的自己，再也不用扮演你们希望的乖乖女了！”

现在，我也想邀请你来做一做这个练习，看一看自己作为人，内心深处是如何定义自己的，又是否享受这样一个自己的存在呢？

也许你会说，叔本华之所以“唱高调”，认为“人是什么”比“人拥有什么”更能决定幸福，正是因为他生来就是“富二代”，衣食无忧，当然“饱汉不知饿汉饥”。所以，您只有继续拼命挣钱，给孩子创造更好的物质条件，同时也只能让孩子继续为了“钱途”而努力，没有钱，其他一切都是空谈。

其实，叔本华从未回避过这个问题。他坦率地说：“被命运如此眷顾的这个人可以过一种更加高级的生活，免遭人类两大痛苦根源——物质匮乏和精神无聊——的折磨；不用再承受为生存而努力挣扎之苦，也不用忍受长时间的闲暇造成的无聊之感——人生这两种痛苦唯有相互中和，人们才能摆脱困扰。”

如何相互中和呢？叔本华给出了明确的建议，他说：“千万不要牺牲自我的内在去换取外在，不要用一个人整个或绝大部分的安宁、闲暇和独立去换取荣耀、地位、头衔和名气。”因为“人类的幸福主要源自内在”。换句话说，过犹不及，过度的向外追求，才是痛苦真正的根源所在。他说："将自己的幸福全部寄托在客观外在世界的人们，必然会受到各种各样的不幸、损失，甚至穷奢极欲带来的影响……唯有精神生活可以保护我们远离这些危险。"为了进一步论证，他还自我调侃说："譬如我的哲学虽从未带给我实惠，但是却帮我节省了许多开销。"

所以，虽然从经济层面来说，"富二代"都可以看作是"被命运眷顾的人"，但却不是每个衣食无忧的人都能够像叔本华一样，在有漏的人生中活出幸福感。2019年夏天，电影《哪吒之魔童降世》用一句"我命由我不由天"让千千万万的观众热血沸腾，而千千万万的观众中却不是人人都知道，这句话出自明代袁了凡先生写给儿子的告诫书《了凡四训》。了凡先生的原话是："造命者天，立命者我。"用叔本华的话来说，就是："生命中的幸与不幸，与其说是取决于我们遇到了什么，毋宁说是取决于我们与它相遇的方式，让我们感到幸福或者不幸的事物对我们而言所具有的意义，不是由他们本来的面貌决定，而是取决于我们如何看待他们。"

熟悉心理学的朋友，很容易在这段话里找到认知治疗中理性情绪疗法"ABC理论"的影子。情绪ABC理论是由美国心理学家埃利斯在20世纪五六十年代创建的，意思是：事件A只是引发情绪和行为后果C的间接原因，而引起C的直接原因则是个体对事件A的认知和评价而产生的信念B。用哪吒来举例的话，让他一生逆袭成功的，正是他“我命由我不由天”的信念。

作为父母，我们的信念会变成家庭规章，影响孩子的信念。所以，我们有必要问问自己：那些曾经困扰过我们和孩子的事件背后，藏着哪些想法和信念？如果要像哪吒一样逆袭，像了凡先生一样“立命”的话，又需要怎么修正这些想法和信念？

修正之后，你也许会发现，像叔本华一样度过一生，也不是那么不可想象的事。

用叔本华的话来总结，人是“可以自己决定幸与不幸的物种”。

我们已经开始理解叔本华式的幸福一生，不过，我们不是为了让孩子成为叔本华，而是为了让他们成为幸福的自己。美国电视剧《小谢尔顿》里，10岁的小天才谢尔顿，因为崇拜爱因斯坦而想要从基督教改信犹太教的时候，家人劝阻无效，犹太教的教父对他说：“当你离开人世时，上帝不会问你‘为什么你没成为爱因斯坦’，但可能会问你，‘为什么你不做你自己’。”

做自己，就意味着不活在别人的眼光里，不会为了迎合外界的评价而牺牲自己独处的闲暇。叔本华说：“闲暇是生命存在的花儿，更确切地说，是存在的果实。只有闲暇可以让一个人完全拥有属于自己的时光。”在匆忙追赶财富和成功的人群中，做自己的人为了得到独立和闲暇，会“心甘情愿、节制欲望，珍藏自己的资源，不愿像其他人一样，让自己的快乐受限于外部世界。他不会被领导的期待、金钱或同事的赞赏与掌声误导，不会让自己妥协去配合低级的欲望和庸俗的趣味”。因为“一个人只有在独处时才能成为自己”。

所以，要调和孩子的习性、滋养孩子的物性、疗愈孩子的心性、复活孩子的慧性，我们也有必要问问自己：愿意像中国传统美学一样，主动给孩子的生命“留白”吗？有留白，才能够既呼且吸，才能活出美好的生命意境，释放源源不断的生命力。在我看来，生命教育也必须包含美的教育。

20多年的心理咨询工作经验，让我得出一个重要的观点。一个人之所以焦虑，是因为不能与自己同在。如果我们是具足了智慧的人，就可以对自己的生命说“是”，坦然接纳自己的同时，发展自己的生命力和感受力。“自己，是一个人所能成为或所能得到的最好的也是最多的资源。一个人自身发现的乐趣越多，就越幸福。”

跟大家分享一段我自己的成长经历，愿这段经历能够帮助你重新思考孩子慧性的释放。

中学时代，热爱写作的我，一直苦恼于自己涉世太浅、为人单纯，看什么都是美的、好的，写得出优美的散文却写不了情节曲折、复杂离奇的小说，所以对自己很不满，觉得应该把自己变得复杂一些，入世一些才好，可是其实根本做不到。后来有一天，我偶然在家中翻出了近代学者王国维的《人间词话》来读，他的一句“主观之诗人，不必多阅世；阅世愈浅，则性情愈真”，让年少的我激动得心都要飞起来了，至今我仍开玩笑说，王国维是自己“量子纠缠”状态下的知己。

王国维的一句话，隔着时空点醒了我，让我瞬间做回了自己，直到现在，也仍然享受着做一个“主观之诗人”的乐趣，大大方方地对至今写不出鸿篇巨制的自己说：“是，我就是这样的我。”就像叔本华在书中引用的马其顿学者斯托拜乌的阐述所说：“幸福意味着充满活力地做你擅长的事并获得预期的结果。”

其实，王国维和叔本华之间，也算得上“量子级别”

的知己。王国维还专门写了一本《叔本华之哲学及其教育学说》，讲到“无欲之我”，将叔本华等人的哲学美学观内化为自己的人生观、艺术观，与中国的传统艺术实践进行了完美结合。

深受叔本华《作为意志和表象的世界》这本书的影响，王国维提出了“有我之境”和“无我之境”；同时，在叔本华哲学的影响下，王国维认为最高的人生境界要超越欲望，无论是做人还是做学问，都要经过三种境界。这三种境界，不同的学者有不同的解读，下面我们从生命教育的角度来看。

第一个境界“昨夜西风凋碧树，独上高楼，望尽天涯路”，讲的正是面对充满诱惑的世俗生活和“鸡娃热潮”，真正有智慧的父母不会陷入其中，而是会珍惜自己和孩子的闲暇时光，向生命更深远的方向探索。相反，假如父母没有在人生洪流中独处的定力，则早晚会将“生命教育”变成另一种功利教育，企图用编制好的“标准答案”来塑造自己心目中的幸福孩子，单向输出自己的价值观，而忽略孩子的生命本身。这样的孩子，真的有可能成为热爱生命的幸福孩子吗？

第二个境界“衣带渐宽终不悔，为伊消得人憔悴”，则可以用来形容孩子恢复了被功利性教育和标准答案破坏的好奇心和生命慧性后，在自由呼吸和闲暇之中，渐渐“毫无杂念地对纯知识方面的事物产生浓厚兴趣。而且这样的兴趣对孩子来说才是必需品，有助于让他远离痛苦，让其身心感到祥和喜乐”。学习，其实是生命与生俱来的需求和本能，而厌学，则是教育方式出了问题的结果。允许孩子学习他们感兴趣的知识，孩子才有可能承受那些“必须学”的苦。关键是，我们愿意对孩子的健康选择说“是”吗？20年前，曾有一对农村父母带着孩子来求助，起因是他们撵着13岁的儿子去学校，儿子则围着池塘拼命地跑，还高声叫喊着:“你们再逼我，我就跳下去了！”我问孩子，如果可以不读书，他想去学什么。孩子说:“我想学木工，我就喜欢做木工！”幸运的是，这对文化程度不高却有涵养的父母，最终接受了孩子的选择，而孩子后来果然成为当地有名的木匠师傅。做木匠和做“爱因斯坦”一样，都是生命价值的自然绽放，都要承受“为伊消得人憔悴”的苦，但只要是自己所热爱的，就可以“衣带渐宽终不悔”，这不正是我们希望孩子成为的样子吗?

第三个境界“众里寻他千百度，蓦然回首，那人却在，灯火阑珊处”，则可以理解为父母在“让孩子更幸福”

的道路上不停追寻之后，终有一天会发现，无论是孩子还是父母，让每个人真正能够感受到幸福、爱上活着的感觉的其实是内心的自我满足。幸福，取决于我们怎么定义自己。无论选择“孤独”，还是“庸俗”，无论人生的钟摆此刻是怎样的节奏，最终都可以做自己，将自己的人生过成独一无二的艺术品。

回顾上面的分享，逻辑线索是：人是由广义的“个性”组成的，尽管人皆有“漏”，但“我命由我”，当我们对生命说“是”的时候，我们和孩子就离幸福又近了一步。

昭然独明，若风吹云，故曰神

这句话来自《黄帝内经 · 素问》中的《八正神明论篇》，原文如下：

帝曰：何谓神？

岐伯[1]曰：请言神。神乎神，耳不闻，目明，心开而志先，慧然独悟，口弗能言，俱视独见，适若昏，昭然独

1 指中国上古时期的医学家，精于医术脉理，被尊称为“华夏中医始祖”。

明，若风吹云，故曰神。

这段话的大意是，岐伯说："请让我再讲神。所谓神，就是望而知之，耳朵虽然没有听到病人的主诉，但通过望诊，眼中就明了疾病的变化，心中也已有数，知道了疾病的所在。这种瞬间的心领神会，不能用言语来形容，就像观察一样物品，别人都没有看到，他却一目了然。有如在黑暗之中，大家都晕头转向，但他却像日月一样明朗，就好像风吹云散露出天空一般，这就叫作'神'。"

这里的"神"，就像我们在第一课里说过的那样，不是宗教意义上的称谓，而是人的神识，是慧性，是生命科学意义上的概念。那个有神的"他"，就是我们每个人本自俱足的慧我。

想要理解岐伯的话，我们只需要回忆一下，自己跟孩子在一起相处的某些时刻。几乎所有的父母都会发现，孩子小时候，常常会观察到许多大人打着灯笼都看不见的存在，比如天边的一颗星，树上的蜘蛛网，草丛里的蚂蚱，石缝间的小花，远处有小孩哭了，妈妈生爸爸气了……他们就像开着天眼一般，根本不用看，万事万物便尽在眼中。

能够“看见”和“听见”更多，不是因为孩子物性层面的眼耳鼻比成人更强大，而是因为没有被扼杀的慧性昭然独明。

究竟什么是慧性呢？有一次，几个家庭进行聚会，父母们就这个话题正争得面红耳赤，一个十来岁的男孩开口了。他说：“慧性就像一扇窗户外面的世界。在我们每个小孩出生的时候，窗户本来都是开着的，所以里外都能看见。你们来教育我们，可以像风一样穿过窗户，但是千万不要把窗户吹得关上了！”

十几年过去了，我每每想起这个孩子的话，都会很感动。不知道那次聚会的大人中，有多少人能听懂，有多少人还记得，又有多少人后来“谨遵医嘱”；我只知道，男孩的父母不但没有听懂，而且根本不屑于懂。在他们眼里，认为“小孩子懂什么，别胡说”，十多年后再见那男孩，他已经完全失去了曾经的神采，令人好心疼和惋惜。

失“神”的孩子，比比皆是。当一扇扇慧性之窗被“砰砰砰”地关上，一颗颗幼小的心灵就越来越“生无可恋”了。这样的状况下，生命教育的风，该从哪里穿过呢？

谈到慧性，有的人会觉得又玄又空，似有若无，或者担心偏离了我们熟悉的科学语境。在我来看，慧性可以被假设为万物的起源，就像宇宙大爆炸学说的假设一样。它叫什么并不重要，重要的是，它可以帮助我们回答三个重要的问题——我们究竟是谁，从哪里来，到哪里去。慧性我对应着智慧的需要，而从日常生活来说，智慧就是“如何安排我们的生活”，是“如何幸福地度过这一生”。

在叔本华看来，“人要么孤独，要么庸俗”中的“庸人”不等同平凡人，与成功与否无关，只有“没有慧性的人”才是庸人。因为他们身为一个人却没有精神需求，为了逃避无聊，只能不断追求现实的东西。可惜“现实要么不尽如人意—— 一旦穷尽，人就会感到倦怠，要么就是相当危险，祸害无穷。而理念性的世界广袤无垠，平静如水，‘超然于我们的忧伤’”。

如果你还记得自己的童年时代，就会发现，健康的人在童年时代其实都具有较高的慧性需求，如果这些需求被尊重和满足，那么“小到收集昆虫标本，观察鸟类，研究矿石、硬币之类，大到创作诗歌或哲学作品，收获思想的最高成就”。人们就可以获得慧性我的幸福感。不幸的是，就像前面所说，孩子的闲暇不断被占满。

除了孩子，婚姻关系也同样如此。二十多年来，我所接待的许多夫妻，之所以陷入情感我层面的痛苦中，原因就在于缺乏慧性我层面的联结。通俗地说，就是没有共同的精神生活。

也许，可以将叔本华下面这段话用来送给陷入亲密关系危机中的人们。他说:“精神生活不仅可以帮我们避免无聊，还可以使我们免遭无聊的坏影响——将自己的幸福全部寄托在客观外在世界的人们，必然会受到各种各样的不幸、损失，甚至穷奢极欲带来的影响，还包括交友不慎导致的烦恼。”

要远离这样的烦恼，最简单的办法是向孩子学习、尊重慧性我的需要，活出创造性的自我来。

创造性自我，作为一个心理学概念，来自个体心理学创始人、人本主义心理学先驱阿德勒，本意是指一个人人格中自由的成分，可以通过发挥主动性、创造性和目的性，来对自己过往的经历做出有意义的解释，从而建立起自己独特的生活风格，并确立、保持和实施自己的目标。一个保有良好创造性自我的人，即使受到原生家庭、童年经历等的影响，最终也仍然能发展出健康的自我。

从生命教育的角度来说，我更想借着这个概念，呼唤父母一起将有漏皆苦的人生，过得有趣一些。给自己和孩子一些闲暇，看看天空、做做手工、锯锯木头、玩玩游戏、看看展览、听听孩子天马行空的创意、欣赏他们与众不同的答卷。如果逼迫孩子在学习上放弃独立思考的能力，那么，他们又该如何面对没有标准答案的人生呢？

在一次波普艺术展的父亲节活动上，孩子们被邀请自由创作一幅爸爸的肖像。一位妈妈坐在儿子旁边，不停地评判着："你画的什么呀？颜色为什么那么乱？！眼睛能画成那样吗？！一点都不像！你看看别人，都比你强！"男孩一言不发，默默地画完。原来，他画了一个正在看世界杯的爸爸，满脸的彩旗、激动的眼神、竖着的短发，还有紧闭的嘴。所有的人都给男孩鼓掌，妈妈却说："大家鼓励你呢！别以为自己多了不起！"你能猜到画上的爸爸为何嘴巴紧闭了吗？如果我们的家里每天都是这样的声音，那么，所有人的慧性之窗和自由表达的愿望都会紧紧闭上。

为什么大人那么害怕孩子发挥创造性？因为创造性会带来不确定，不确定会让焦虑的人更焦虑；也因为大人的世界里只剩下“有没有用”，而不是“有没有趣”。

“有趣的灵魂万里挑一”，已经不再是民间的调侃，而是时代的写真；而下一个时代的精彩，将属于有趣的人。

从“有用”的角度来说，父母愿不愿意现在就“有趣”起来呢？只有有趣的人，才懂得尊重慧性；只有慧性被尊重了，孩子才能够恢复他自己“昭然独明，若风吹云”的神。

这一课，留给你的作业是与孩子一起，创作一首“家歌”，让这首歌成为家人之间慧性的流动和心性的陪伴，在开心时一起唱唱，生气时一起唱唱。它将在关键时刻照亮人生的黑暗，给孩子多一些活下去的力量。

第六课

面对至暗时刻：
“我为什么还活着”

家庭心理危机识别与干预

自制净生活，
领悟八正道……
八风不动心，
宁静无烦恼……
一切处得福，
是为最吉祥。

——《吉祥经》

“我为什么还活着，是不是连老天爷都讨厌我”

还记得上一节课提到的小F吗？因为父母吵架，他从6岁起，每天都在想：“我怎么还没有死掉。”我问他：“父母知道你的这个想法吗？”他从鼻子里哼了一声，苦笑着摇头说：“那个时候，他们除了吵架就是挣钱，眼里根本没有我，就连我割了多少次腕，他们都不知道。”

“能不能告诉我，”我接着问了一个略带挑战性的问题，“割了那么多次腕后，你会怎么回答‘自己还活着’这个问题呢？”

小F将身体缩进沙发里，说：“怕疼？怕难看？晕血，下不了重手？不知道。也许连老天爷都讨厌我，不想要我吧……”

“连老天爷都讨厌我”，有这个想法的，不止小F一个。另一个女孩CC，一出生就被送到了外婆家，远离父母。因为父母都是公务员，在还没有开放二胎政策时，想要再生一个男孩，又怕罚款和中断仕途，所以决定先把女儿“雪藏”起来。被藏起来的CC，后来又过继给了姨妈，虽然外婆和姨妈对她百般疼爱，但在8岁时，她从邻居那里得知自己的身世后，就开始陷入深深的自卑和抑郁之中。

CC觉得，一定是自己不够好，所以父母才不要自己的。她开始恐惧外婆和姨妈有一天也会不要自己，于是变得格外懂事、乖巧，谁的话都听，却把自己想说的话深深地埋在心里。在读初中时，父母想要弥补她，给她更好的教育资源，于是将她接回身边。她说，至今还记得接她那天，母亲特地买了一大罐进口糖果，告诉她“都是你的”，她心里明明很想吃，嘴上却说：“我不要，给弟弟吧。”然后，看着弟弟毫无顾忌地对父母要这要那，她既羡慕又羞愧，觉得自己又虚伪又卑微，在这个世界上根本就没有“藏身”之地。

CC说，从8岁开始，她每天晚上躺在床上，都会用被子蒙住头祈祷：“老天爷，求您让我做个好梦，然后把我留在梦里头，再也不要醒过来了。睡死了，就没有我了。”

可是，每一个“第二天早上”，她一睁眼，就会失望地发现：“我为什么还活着！”然后会偷偷抹着眼泪想：“连老天爷都不喜欢我，那我更应该去死了……”

CC想象了各种死法，但回到父母身边后，才开始真正尝试自杀，因为她觉得如果自己死了，外婆和姨妈会伤心，但父母不会，这样自己就可以死得安心了。

当母亲送她来咨询时，生气大于伤心，忍了又忍，最后还是忍不住抱怨:“你知不知道，你这么一折腾，把我们的脸都丢尽了！”

我请助理陪CC先在外面休息，我需要单独跟她母亲交流一下。

我问母亲:“您有没有担心过CC再次自杀？”母亲先是毫不犹豫地说:“不会的！”可能觉得不妥，紧接着改了口气:“应该不会吧？我看她就是想让我们都关注她，现在她的目的达到了呀！”

我摇摇头，详细地跟母亲讲述了家庭心理危机的识别、应对及孩子当下的高危状态，请她尽快带孩子去医院，在药物治疗的同时，对她进行心理辅导，同时孩子需要签署“不自杀契约”，家长则要保证孩子身边随时有人。

当母亲听到“有过自杀行为的人，再次自杀的概率是其他人的4倍”时，不由得瞪大了眼睛。我知道，太多悲剧的最终发生，并不是孩子没有给过大人挽救的机会，只是他们发出的各种信号，由于大人相关知识的匮乏，过往经验的固着和“泥菩萨过河——自身难保”的状态，而被忽视、误读或者“拦截”了。

所以，在这本书中，“家庭心理危机识别与干预”是我唯一想要以“知识和技能”的方式传授给父母们的。因为家庭作为社会最小和最基本的组织单位，对个人的影响远远大于“世界500强”，而90%以上的世界500强企业，都会有一个“心理标配”——员工心理援助计划（Employee Assistance Program, EAP）。那么，家庭就更需要这样的配置来支持每一个成员的健康发展，尤其是孩子。我把这个配置叫作家庭心理援助计划（Family Member Assistance Program, FMAP）。

FMAP，生命教育不可或缺的一部分

为了更好地理解FMAP，我们先来了解一下EAP及它的由来。

EAP起源于二十世纪二三十年代的美国。它的前身是为有严重酗酒行为的员工[1]提供帮助而成立的戒酒团体。后来，管理者发现，不仅是酗酒，员工及其家庭的其他心理和行为问题也都会对组织绩效产生影响，所以渐渐地就演变成了对全员的心理援助。

具体来说，EAP是由企业为员工设置的一套系统的、

---

1 多为参加过战争的老兵。

长期的福利与支持项目。通过专业人员对组织进行诊断、建议和对员工及其直系亲属提供专业指导、培训和咨询，帮助解决员工及其家庭成员的各种心理和行为问题，提高员工在企业中的工作绩效，从而确保企业和个人的健康发展。

在中国，最早的EAP项目开始于1998年。那时，林紫心理机构的前身刚刚成立不久，一家外资超市找到我们，希望我们能从心理的角度帮助他们的员工“微笑起来”，以便实现企业的“微笑服务”计划。

后来，越来越多的世界500强企业在中国的分支不断向我们抛来橄榄枝，纷纷引入林紫心理机构的EAP服务。这些企业在为他们的员工提供心理福利的同时，也为企业的战略管理和文化建设提供了支持。紧接着，国内大型企业也开始尝试引入EAP服务，连续十几年，我开始在全国不同城市飞来飞去，在不同行业和组织间一遍遍地讲授什么是“员工心理管理”，解读组织的心理诊断报告、教会管理者如何识别和应对员工的心理危机，同时为组织培养内部心理关怀专员；而我的咨询团队，则在大后方为包括港澳台在内的大中华地区数十万员工和他们的直系亲属提供7天×24小时、365天的心理咨询服务。

二十多年忙碌的EAP工作开展下来，我越来越深切的一个愿望是将EAP工作前置，从家庭开始，治未病。因为每个组织中每位成员的问题，追根溯源，往往都与他们的成长经历有关，而家庭是人一生中参与的第一个“组织”，从在妈妈肚子里就开始了。作为专业工作者，假如我们能够从生命形成的那一刻起，就给予每个人专业的支持和陪伴，给予每个家庭系统的帮助与指引，那么，未来每家企业招募的员工、每段婚姻联结的伴侣、每个孩子拥有的父母，都将比现在更健康，更热爱生命，更懂得养育。

听起来真是激动人心对不对？其实，我知道，这是我的“执我”起了贪欲——妄图用有限的专业一劳永逸地改写人类有漏的人生，怎么可能？

不过，虽然不可能一劳永逸，但EAP前置到家庭却完全可行，而且势在必行。因为家庭心理援助计划可以成为生命教育的一部分。

有趣的是，当我写下家庭心理援助计划的英文缩写“FMAP”时，发现它正好也是一种纯函数式编程语言的操作方式，而这种操作的功能恰恰是将某个函数“提升”。

在家庭组织中，假设父母是函数“因变量”，子女是“自变量”的话，那么FMAP能做的，就是通过帮助父母提升，最终帮助每个孩子更健康地成长为他们自己，不早也不晚，不多也不少，刚刚好地度过生死之间的这一期生命。而这正是家庭生命教育的本意。

FMAP，你需要这样做

接下来，敲黑板、划重点，我们一起来详解FMAP的实施步骤。

首先，你需要牢记，FMAP的基本原则是“内外结合”。

内外结合是指外部的心理专家和内部的“心理关怀专员”要联合工作。外部专家的任务是将父母培养为初级关怀专员，教授给父母家庭心理管理、心理危机识别和应对等基本知识与技巧；父母作为家庭内部的“一线管理者”“文化建设者”和“组织健康第一责任人”，在充分做好自我管理的同时，担负起心理健康宣传、家庭文化建设、家庭发展规划、家庭成员关怀、心理危机预警与求援等职责。通过内外结合，建立起家庭生命教育与心理危机预防体系，从而确保家庭和个人的健康发展。

其次，你需要了解“专员”和“成员”是平等的同伴关系。

虽然说，父母是“一线管理者”和“第一责任人”，但在FMAP里，父母和孩子既不是上下级关系，也不是咨询师和来访者关系，而是平等的同伴关系。这意味着，即使你已经取得了“专员培训合格证书”，也不等于你就不会再有心理困惑，不再属于FMAP服务的对象。事实上，你和孩子一样需要关怀。自我关怀和夫妻之间的相互关怀是一部分，另一部分，则由外部专家通过“督导”的形式来完成。所以，你需要对自己这个“函数”的状态保持警觉，一旦发现自己的执我、物我或者心我出现了紊乱，就可以在第一时间请求FMAP的支援。

再次，你需要明白“关怀”不等于“贴标签”。

初学心理学的人，往往喜欢给自己和他人“贴标签”，觉得人人都有病，处处皆危机。事实上，很多人的“病”是被“贴”出来的，因为标签具有暗示性。套用鲁迅先生的话，我们可以说：“世上本来没有病，贴的人多了，也就成了病。”尤其是对孩子而言，他们需要的是关怀，而不是被称为“问题小孩”。然而，一旦真的出现了某些疾病征兆，比如抑郁，父母作为专员，就需要立即带孩子就医，请专业人士做出专业诊断，而不能讳疾忌医。

最后，你需要准备好，我们将开始一趟关乎生死，持续一生的学习之旅。

生命教育模型下，FMAP心理关怀专员的硬核知识与技能

接下来，我们将紧紧围绕生命教育这一主题，展开父母作为专员的学习。

第一部分是日常心理管理。其中包括心理健康宣传、家庭文化建设、团队凝聚力提升。

这部分内容望文即可生义，不难理解，所以我们不多做解释，只分享每个任务之下可以有哪些“分解动作”。

- 日常心理管理

从广义上来说，当父亲与母亲的“四我”发生“量子纠缠”，并且示现为家庭的那一刻，家庭的心理管理就开始了。父母物我的健康和营养状态，心我的情绪稳定和愉悦关系，无不决定和影响着孩子的生命品质。我的母亲一直引以为傲并且常跟我提到的是，她和我父亲在身体最好、情感最甜蜜的时候有了我，所以虽然后来历经病毒的折磨、工作和生活的压力，我依然是她心中的“磐石”，柔韧而坚定。母亲还总是分享一个小秘密：怀孕的时候，她

每天都会在心里刻画我的样子和品性。我出生前，她梦见一位白胡子老爷爷送了她两枝桃花，让她好好养育。母亲说，白胡子老爷爷就是太上老君，而我是他炼就的两枝花，所以会有特别顽强的生命力。这些从小听到大的故事，给了我无穷的力量。我小时候还经常在心里跟“白胡子老爷爷”对话，有什么想不明白的事情，外公和“白胡子老爷爷”都会给我智慧而安定的指引，让我觉得自己特别幸福和幸运。因为幸福和幸运，又觉得“老天爷”将这么多美好的人和事安排到我身上，是因为每个人来到这个世界上各有所长、各有使命，大家都是分工合作的关系。而我的使命，就是将自己得到的美好分享给世界上更多的人。你看，这就是母亲这位“专员”为我所做的日常心理管理。2020年1月8日，母亲离开了我们，但她留下的这些宝贵的心灵财富，会在我们的家族中代代流传下去。

仔细回顾人的一生，你会发现，其实我们无时无刻不在探讨和经历着生死，而最接近生命教育内核的路径是在一呼一吸、一茶一饭间，认真而不当真、爱子而不贪嗔，真正做到向死而生。参透了“死”，生的烦恼便会风吹云散、日月昭然。

具体来说，习性层面的日常管理，就是觉察我们自己的起心动念。“烦恼即菩提”，将每个烦恼都当作镜子，反观自照，看见自己，你就会找到应对的法宝。

物性层面的日常管理，则是通过运动、接触自然、调节饮食等方式，让多巴胺、内啡肽等递质处在刚刚好的状态里。

心性层面的日常管理，包括夫妻关系和亲子关系的用心经营，沟通模式的主动改善，冲突处理的技巧提升，压力情绪的积极应对，等等。

慧性层面的日常管理，则包括创造性的艺术活动，愉快的家庭共享游戏，独处和闲暇的留白，探索更深的生命意义等。

- **心理健康宣传**

仍然以母亲为例，我的母亲是一名儿童教育工作者，一辈子教书育人，二十世纪八十年代就开始了教育心理学的学习。我最初对心理学产生兴趣，就是从她扣在桌上的一本书开始的。妈妈上班去了，我好奇地将书翻过来，正看到一张两可图，于是如饥似渴地把整本书的图片都翻看完了，虽然那时太小，连字都认不全，但心理学的妙趣却牢牢地印在了我的脑海里。

除此以外，每天早餐时间，也是最愉快的说梦时间。

从妈妈开始，每个人都会讲讲自己梦到了什么，讲的人表达了情绪，听的人则共享了家人的喜怒哀惧。

我在青春期的时候，妈妈送了我一套少女丛书，让我对这个特殊时期的身心变化有了足够的了解，知道自己“莫名其妙”的烦躁是怎么来的，同学之间的关系会有怎样的变化，回到现实里，就能从容应对了。

不仅如此，就连她自己更年期的身心变化，妈妈也都分享给了我们，让我提前知道每个女性到了一定年龄，都可能会出现身体冒汗、心神不宁、情绪波动、缺乏耐心等表现。当听到母亲说，她的更年期时间特别长时，我也就对自己的更年期更淡定了，因为我知道这一切都很正常。

除了自己的孩子，母亲对学生和邻居的孩子也一样悉心关怀着。印象最深的是，隔壁一个男孩经常跟父母发生激烈冲突，而母亲每次都会去他家里做“心理援助”。男孩的房间和我的房间只隔着一堵墙，每次我都会将耳朵贴在墙上，偷听妈妈都说了些什么。

这些“心理健康宣传”，母亲做了一生，影响了身边许许多多的人。她离开后，很多受到她鼓励的朋友都告诉我，每当情绪不佳的时候，就会想到母亲给予他们的安慰和力量，让他们觉得，母亲从未离开，一直都在，而他们自己也会生出更多自我调节的信心。

- 家庭文化建设

这些年，我在给许多大型企业高层管理者讲授心理课程时，都会重点讲到企业心理文化的建设。纵观世上每一家百年企业，无不重视企业文化对业绩长青和员工价值实现的重要影响。

对家庭组织来说，也是一样。“文化”是组织的灵魂，没有灵魂的组织很难健康发展，也无法有效应对危机。组织中的个人在遇到危机时更容易失神散乱，走着走着，就枯竭了。

家庭文化建设，不是知识学历的堆积，而是家庭成员间共同营建和享有的一种心理氛围和价值观，并且常常从潜意识层面影响着家庭和个人，影响着孩子的生命品质，而且还会在人生的至暗时刻，发挥至关重要的危机干预作用。

当我们接近一个孩子，你或许不知道他的家庭故事，但却可以感知到他的家庭氛围大约会是什么样子。这就是文化在起作用。

父母作为孩子原生家庭的“首席文化官”，可以从五个方面着手，进行家庭文化建设。

第一，从自然和人的关系入手。在我小时候，一家人每天晚饭后都会一起散步。没有繁华的商业街，没有人造的景观，有的是夕阳、晚霞和草木的清香。父亲会教我们打水漂，母亲则教我们唱《晚霞中的红蜻蜓》，唱着唱着，一只红蜻蜓真的飞来了。父母还会跟我们一起玩他们的童年游戏：拔两片苇叶，做成两只小船，放进小河里，比赛看哪只小船“划”得快。这些至今想来都是很甜蜜的回忆，和着自然的光影气息，成为了我们家庭文化和家庭氛围的一部分。多年后，我又将它传承给了女儿和更多的孩子，让更多的生命有机会接受大自然的教育。在生命教育上，大自然是最好的老师，而父母需要做好“助教”工作。

第二，从理想和现实的关系入手。家，既是孵化理想的地方，也是应对现实的地方。父母想让孩子的生命有更持久的活力和抗逆力，就要帮助孩子处理好理想和现实的关系。没有理想，走着走着，心就空了；没有现实，走着走着，人就飘了。对我来说，家庭文化中爱阅读、爱劳动的习惯，让我受益匪浅。在母亲小时候，外公给她订了许多儿童杂志；在我小时候，母亲也成了那个订阅人。家人共读的时光，让生命的指针了了分明，内心格外宁静。除了共读，共同做家务也是一件很快乐的事。比如钉扣子、晾衣服、贴外公写好的春联、做年终大扫除等。我最喜欢的是帮着大人把晒好的被子收回来，然后趴在软软的被子上，深深呼吸阳光的味道。阅读，让我仰望星空；劳动，则让我脚踏实地。这，也是我所受的最好的生命教育。

第三，从家人与家人的关系入手。每个人一出生所面临的第一份关系就是家庭关系。与家人相处的模式和品质，影响着孩子未来的学习、工作和爱情。在家庭文化建设方面，家人关系可能是最有挑战性的，因为它考验着我们的心理管理能力。我会在父母心理通识课系列《系统养育》这本书里详细展开，跟大家一起探讨如何建设彼此滋养的关系，而不是彼此伤害的家人关系。20多年前，我提出一个重要原则：先处理情绪，再处理问题。现在，这个原则被越来越多的人理解和传播，愿你也是受益者。在这方面，我父母的一些做法可以分享给大家，比如，经常给孩子讲家族祖辈的故事。即使祖辈在我们出生前就已经去世，但毫不影响他们的美德让我们坚定家族信仰，也让我们直面祖辈的经验教训，知道人无完人，家人之间的包容大于天地。母亲临终前，与我细数她这辈子要感谢的人，以及她做得对的事。她说："我感谢你爸爸，嫁给他，是我这辈子做得最对的事情之一。”如今，父母虽然都已离开，但他们建立起来的家庭文化，让我觉得，成为他们的女儿是我这辈子幸福的事情之一。

第四，从工作与休闲的关系入手。就像前面的章节里所说，闲暇和创造性的活动，对孩子的健康成长和生命品质有重要影响。父母如果活得太过紧张，除了工作之外，不懂得如何创造和享受生活的乐趣，那么当经历至暗时刻时，孩子“活着”的意愿也会更低。相反，父母如果勤奋之余也能与孩子共享健康休闲时光，而不是沉溺于麻将牌桌，孩子对抗挫折的能力就会更强。我父母的做法是每年春节在我家举办“家庭春晚”，家人一起唱歌、跳舞、做游戏、猜灯谜，连邻居的孩子也会被吸引，到我家里过春节也成了他们的童年乐趣。这些乐趣，让我即使再忙，也能信手拈来找到好玩的事滋养自己和孩子。

第五，从现在和未来的关系入手。家，是每个人现在和未来的中转站。如果家庭文化建设得好，那么，孩子会真的做到“不乱于心，不困于情，不念过往，不畏将来，如此，安好”。为什么安好呢？因为能安住于当下，所以“这样就好”。安住于当下的人，才可能会有更好的未来。因为每个未来，其实都由当下组成。在我4岁的时候，外公教我练习书法，要求我头顶天，脚踏地，手腕悬空，心无杂念。右手握笔的同时，掌心不仅要想象握着一个鸡蛋，还要想象，即使有人突然从背后夺笔，要躲开。外公的好朋友王爷爷看见了，嘲笑说："你把一个小娃娃当书法家要求啊？"外公不紧不慢地说："现在练字，是为了以后做人。'心能转腕，手能转笔，书字便如人意'。古人说的话放在心里头，以后做不做书法家都'莫来头'[1]。"现在的我，没能将外公的一手好字传承下来，却传承了他为人处事的品德。因为他对我的教育一直都是向死而生，"以果地觉，为因地心"的。"以果地觉，为因地心"的意思是，用未来要成为的样子，对待眼前的事。我想，用它来启迪我们处理家庭文化中现在和未来的关系，实在是"极好的"。

- **团队凝聚力提升**

二十多年来，我接待的家庭不计其数。每次做家庭咨询，我都会跟来访者一起探讨：家人和家人在一起，就组成了一个"团队"，这个团队本来该是世界上最强大、最牢固、最安全、最值得信赖、最能够彼此支持的。遗憾的

1 四川方言，没关系的意思。

是，99%的来访者家庭都没能做到。为什么最亲近的人，物我朝朝暮暮在一起，心我反而相隔十万八千里呢？我们前面说过，问题出在执我的五毒和慧我的缺损上。如果始终忆念着“团队精神”，而不是忆念着烦恼，我们就不会在孩子需要帮助的时候“落井下石”；不会在孩子情绪低落的时候“雪上加霜”；也不会在孩子需要被当作孩子的时候，把他们当作大人，而在孩子长大后又把他们当作小孩。当孩子在外闯了祸，习题来不及完成，作文开不了头，说“不想活了”的时候，需要的是父母陪他们一起面对、担当、想办法，而不是嫌他们给自己惹麻烦，指责他们拖延，挖苦他们白学了，讽刺他们脆弱。如果这么做，我们就成了孩子的“猪队友”，轻则将他们推远，重则推下深渊、万劫不复。为人父母，既不能过度担责宠溺团队成员，也不能觉得凡事都是别人的错，一切跟自己无关。作为父母，这是唯一一个无论你觉得如何不济，也不可能“跳槽”一走了之的团队。

特别推荐大家看一看美国电视剧《我们这一天》（*This Is Us*），看看剧中的父母是怎样为孩子们打造“Big Three”的团队口号的，这个口号让兄妹三人成为世上最牢不可破的阵营，在每一个生命的至暗时刻，紧密地联结在一起，相互支持，度过跌宕起伏的一生。看完你会发现，世上从来没有完美的团队，唯有父母的担当和成长，才会让家人与家人之间凝聚在一起，“就像剧名的英文意思——这，就是我们”。

世上没有完美的团队，因为人性本身就不完美。如果要在世间找到一个能将不完美的人性整合出带有美感和智慧的范本的话，那么，僧团管理中的“六和敬”，或许是最适合在家庭团队建设中借鉴参照的。

佛陀在世时，有1255个常随弟子跟着他修行。要带领这么大的“团队”，让这么多人和睦相处、共同精进，不是一件简单的事情。于是，佛陀制定了一些十分有效的管理方法，“六和敬”就是其中之一。

“和”是指处理与他人的关系，要“外同他善”；而“敬”则是指管理自己的内心，要“内自谦卑”；“六和敬”具体说来，包括身和同住、口和无诤、意和同悦、戒和同修、见和同解、利和同均。

一、身和同住

意思是在行为上不侵犯别人，不与他人发生肢体冲突，与他人和睦相处，相互照顾，共住一处。家庭中要做到这一点，父母就不能打孩子，而这一点，直至今日，也仍然没有在中国的父母中达成共识。有人说，打骂孩子，是在培养孩子的“谦卑和敬畏”，然而事实是，打骂只会让孩子“自卑和恐惧”。

这些年，我在给成千上万的父母讲授儿童早期心理养育课程的过程中，发现很多父母误解了“谦卑”的含义。打骂羞辱之中，孩子体验到的只有“畏”而没有“敬”，所以只会产生自卑心理而不是谦卑。在我看来，谦卑与敬畏的前提是，一个人真正感受到了“强大”而非“强势”，同时感受到来自“强大者”的尊重和包容。唯有如此，人们才能放下自己的防御和敌意，内心自发地生出对强大者的敬意和爱戴，不再自以为是，我行我素。谦卑之下，有爱的存在；而自卑里面，则往往只有恨。

二、口和无诤

意思是好好说话，言语柔和，不发生口角。家庭之中，要完全做到这一点，除非一方已经练就了布袋和尚的“退步功”，或者懂得“他人气我我不气，我的心里有主意。世间事物般般有，岂能尽如我的意”的道理。尤其是孩子到了青春期，反驳父母是他们成长必经的阶段，如果这个时候的父母能够做到口和无诤，因家庭冲突而产生的危机就会减少很多。

三、意和同悦

意思是在精神追求和家庭发展目标上志同道合，心情愉悦。家人之间，如果能做到三观相合，并且有共同的家庭发展目标和规划，那么团队的力量将不可限量。

四、戒和同修

“戒”是一切团体得以成立的必要条件，更是每个想要有所修为的人必须具备的自律性。家庭之中，父母如果能够与孩子一起制定“戒律”，并且能与孩子共同遵守，人人平等、一起进步，那么这个团队必定是受人尊敬的。假如父母要求孩子自律，但自己每天喝酒买醉，或是麻将搓到半夜，那么孩子想自律都难。

五、见和同解

意思是在对世间事物的看法和理解上，能够建立共识。家庭成员全面达成这一点很不容易，因为父母和子女之间难免会有代沟。不过如果在可能引发巨大冲突的事情上，最终能够求同存异、相互尊重、彼此理解，那么团队也是很和谐的。

六、利和同均

家庭中，父母和子女之间的“利”，不仅包括经济上的收益，还包括情感上的收益。尤其是多孩家庭，父母如果稍有不公，就会导致团队和个人都出现问题，难以平衡发展。

你可能会发现，要做到“六和敬”实在太难了。其实没关系，因为即使对僧团而言，“六和敬”也只是努力的方向和未竟的理想。有人的地方就有漏，了解这一点，同时朝着和敬的方向一起努力，就足够好了。

第二部分是危机管理中的预警机制和三级预防。

这个部分会涉及一些专业术语、评估标准和操作规范，我希望你在学习的时候足够重视，但不必给自己太大压力，因为作为“内部心理关怀专员”，你的主要职责在第一部分，做好了第一部分的工作，第二部分的危机情况就会减少很多。关于危机管理，你只需要有基本的了解和掌握，知道什么时候需要向外部FMAP专家求助，同时知道怎么内外协作，其余的事交给专家，因为你也是危机的当事人，也同样需要被关怀和援助。

需要特别注意的是，家庭心理危机管理并不是在危机发生时才做的事。父母需要在做第一部分工作的同时，先储备好应对危机时刻的“资粮”，比如，在日常心理管理中，建立良好的沟通机制，告诉孩子“无论发生什么事，无论产生什么念头，都可以告诉爸爸妈妈，爸爸妈妈永远和你是‘一伙的’”。

在做心理健康宣传时，多聊聊生死大事，聊聊人生的苦乐参半，聊聊父母也有过“不想活了”的念头，聊聊心理问题的普遍性和求助途径。千万不要误以为，心理健康宣传就是“正能量宣传”。事实上，就像我在最初的生命教育模型中用了太极的阴阳图来代表生命的核心一样，人生的正负相辅相成，生命的阴阳平衡中正。一味强调正能量，孩子的负能量就没有了出口，有问题也不敢跟父母说，即使说了父母也听不懂。我曾看到一位知名作家，在文章中鼓励情绪低落的人多听振奋和欢快的音乐，不由心头发紧，很想有机会告诉他和读者，在情绪低落的时候，最适合听的音乐不是欢快振奋的，而是“哀而不伤，乐而不淫”的乐曲，比如让人平静的古琴曲。因为欢快的音乐无法与低落的心情产生共鸣，就变成了噪音，让人产生更大的心理反差，情绪被压抑和拥堵着，更有可能崩溃；而哀而不伤的音乐，则让情绪得到共鸣的同时，逐渐平静下来。负面情绪，只有被看见，被允许，被接纳，才能被改善。

在进行家庭文化建设时，多读一读关于生死的文学作品，多欣赏关于生死的绘画雕塑，最好还能一起创作，就像我们前面提到的写一首“家歌”那样，在生死话题的讨论中，形成家庭共享的生命观。这样的生命观，比“你要坚强”“好死不如赖活着”的空谈，更能够在危机时刻给孩子力量，带他们穿越黑暗。比如，小时候，我跟外公一起听过由欧·亨利的短篇小说改编而成的广播剧《最后一片叶子》，跟父母一起看过黄梅戏电影《梁山伯与祝英台》和印度电影《永恒的爱情》。这些艺术作品，为我与长辈共同探讨生死大事提供了最自然的媒介和途径。让孩子有机会表达对死亡的看法，哪怕是“向往”，远比遮掩搪塞、粉饰太平更能保护他们。

在提升团队凝聚力时，可以在安全可信的氛围中，比如，家人围坐一圈，以击鼓传花的方式，聊一聊自己心中的苦恼事。也可以经常玩一玩信任之旅，如在小区或者公园里，找一段安全的路线，你和孩子轮流闭上眼睛，把自己交给对方带领，走完全程。这些游戏会“润物细无声”地建立起家庭的心理安全防护系统，让孩子感受到被信任和被支持，即使将来在遭遇挑战、身处绝境之时，也依然可以回到“团队”之中疗伤。

这些日常“工作”，作为生命教育的一部分，贯穿我们和孩子的一生。在此基础上，你需要继续掌握以下几点：

• 习性层面：执我危机的觉察、调适与干预

如果你还记得第一节课里提到的失恋女孩的案例，就会回想起，习性层面的“五毒”是如何通过“毒性发作”，来唆使心我伤害物我的。反过来，如果要保证物我的安全，则需要随时观察执我的贪嗔痴是否“超标”，标准可以借鉴叔本华的钟摆理论。

想象一下，钟摆的一端是得到或满足后的贪婪，另一端则是得不到或未满足时的嗔恨，而你和孩子都在钟摆之上。假设从贪婪到嗔恨，是从−10分到+10分的过程的话，那么你和孩子最安全的摆动位置会在−5分到+5分这个区间内；而一旦“贪婪”超过−5分，嗔恨超过+5分，我们就有必要加以警觉，用心调整，让钟摆摆动的幅度不至于太大；当钟摆摆动到−8分和+8分以上时，危机预警机制就需要立即启动。

比如，一个靠刷短视频来减压的孩子，钟摆向满足后的贪婪方向摆动幅度越大，那么，在未来不满足时感知到的嗔恨也就会越高。如果孩子的贪婪已经到达-8分，就意味着他的嗔恨也会上升到+8分，出现急性冲动性危机行为的概率就很高，需要立即干预。

干预的第一步，是父母先退到-5分到+5分之间。因为

在孩子刷视频成瘾的行为背后，正在发展着一条不易被觉察又极其危险的隐藏线索：父母对孩子的贪婪和嗔恨，也正在随着钟摆来回摆动，越希望孩子尽快停止，钟摆落到-8分到+8分以上的可能性便越大。试想，当父母和孩子都“剧毒”发作时，会发生什么呢？

显然，在习性的层面，需要父母先检视和管理好自己的执我，知道自己越生气，就说明自己越贪婪，需要先调整的是自己的贪心，而不是孩子的行为。

怎样才能做到先调整自己的贪心呢？送你一首我喜欢的布袋和尚的《插秧诗》，时常默念，就会发现不一样的自己。

手把青秧插满田，低头便见水中天。
六根[1]清净方为道，退步原来是向前。

• **物性层面：物我危机的觉察、调适与干预**

物我的危机要通过一段时间的持续观察和记录来辨识。比如，两周以来，孩子持续性地没有任何理由地出现

1 指六种器官，即眼、耳、鼻、舌、身、意。

入睡困难、烦躁不安、胃口改变、没精打采、懒洋洋、对原来喜欢的事情提不起兴趣、情绪波动大、行为冲动、爱发脾气、喜欢打人、交替出现愤怒和沮丧的情绪、不想见人、不愿去学校、学习成绩下降、头痛胃痛、恶心呕吐、腹泻尿床等情况，父母一定要立即带孩子去精神专科医院或大医院的精神科或心理科就医，进一步进行身心检查，以便确认有无器质性病变。一项最新的研究表明，重度抑郁症的发病还与肠道生态系统微生物组的紊乱有关。而这些，我们只有通过仪器和医学检测手段，才能进一步看见。要特别注意的是，在带孩子就医或者寻求咨询时，一定要避免造成孩子的“病耻感”。当然，前提是父母首先要去除自己的病耻感。明代高僧憨山德清大师的《醒世歌》:“世事由来多缺陷，幻躯焉得免无常。”这句诗经常念一念，我们和孩子因为生病而产生的羞耻感，就都能放下了。

我们在前面的章节中分享过，当孩子没来由地出现成绩下降、注意力不集中、字迹突然变潦草、人变笨了等问题时，很有可能是他们的身体在向大人发出求助的信号。如果父母不管住自己的执念，劈头盖脸地指责孩子而不是给他们需要的帮助，孩子的物我就会受到更大的伤害，从而反过来影响到心我，造成严重的心理危机。

在物我的调适方面，除了第三课提到的方法以外，父母还要记得多带孩子回归自然，休养生息；多晒太阳，促进5-羟色胺的分泌；多拥抱孩子，给孩子身心安全感。此外，跟孩子一起静坐，调整呼吸，也是非常有效的手段。

2018年6月，泰国少年足球队13人被困在山洞中，与外界完全失联。他们之中，年龄最小的11岁，最大的16岁，教练也不过25岁。在没有食物，空气稀薄，水位不断上涨的情况下，曾经做过12年和尚的教练，开始教孩子们静坐冥想，整整10天，始终保持沉着冷静，克服恐惧和忧虑，并且尽可能地保存体力。10天之后，救援队找到他们的时候，拍下了他们在洞内打坐的场景，孩子们脸上的安详平静，令全世界感动和震惊。被困18天后，13个人全部活着被营救了出来。

泰国海军海豹突击队发布脸书说："我们不知这是奇迹，是科学，还是什么，13位野猪队队员全部出洞。"斯坦福大学的专家维斯则表示：静坐或许是使孩子们活下来的关键因素，因为静坐可以减慢心率，让呼吸和新陈代谢平静下来，同时降低皮质醇水平、减少氧气利用和二氧化碳排放，有利于保持体能。

实际上，静坐还促进了孩子们内啡肽的分泌，让他们能够在常人无法想象的情况下，依然保持着精神的愉悦和平静。就连整日潇洒云游的诗仙李白，也曾感叹说：“一坐度小劫，观空天地间。”

物性层面的调适，还有一个古老的办法可以借鉴。喜欢欧洲文学的人，会发现英国维多利亚时代，上流社会的淑女贵妇手袋里常有一样必备之物——嗅盐。她们动不动就会拿出来闻一下，以显示自己因为娇弱与高贵而快要被某个世俗场景吓晕了。当然，束身衣也会导致她们真的因为缺氧而晕厥，而特制的嗅盐有很强的唤醒功能。嗅盐的味道其实是臭的，而且多吸有害，因此我们要借鉴的并不是给孩子准备嗅盐，而是巧用嗅觉、气味与身心状态的关系，来帮助孩子快速平复情绪，脱离危机。比如，可以常备一小瓶马鞭草和柠檬草味道的纯植物精油或护手霜，在孩子情绪激动或过于低落时，抹在他们手上或者喷洒在纸巾、手帕上。在孩子鼻前挥一挥，可将他们从冲动和低落中带回到平静中来。

· 心性层面：心我危机的觉察、调适与干预

心性层面，我们要重点了解急性冲动性自杀危机和儿童抑郁症引发的自杀危机。

冲动性自杀，又叫情绪性自杀，是指由爆发性情绪引起的自杀行为，与理智性自杀相对。冲动性自杀的孩子，往往是在体验到激烈的挫折、悔恨、内疚、羞愧、烦躁或赌气等情绪后，瞬间采取了自我毁灭行动。这样的危机事件进程迅猛，发展期短暂，即使父母就在身边，也往往来不及防范。比如，上海男孩在高架桥上冲下车去，当着妈妈的面跳桥的事件。

要预防冲动性自杀行为，父母一定要在平时就做好上面第一部分学习的功课，做一名合格的“内部心理专员”。同时，还要记住以下三点：

第一，管住嘴巴。

有冲动性自杀倾向的孩子，父母其中一方往往也属于冲动型人格，容易被情绪控制，经常口不择言且越说越激烈，这变成了危机事件的导火索。所以，当父母发现自己越说越气的时候，立即启用钟摆观察法，闭上嘴巴，让钟摆回落到安全区间（这一条，也同样适用于父母的自我保护，此举为了避免激惹和挑衅导致的弑亲悲剧发生）。

第二，张开怀抱。

当发现孩子情绪开始激动，比如身体颤抖、双拳紧握、咬紧牙关、背部僵直等，父母马上闭嘴的同时，尽快张开双臂，拥抱孩子。孩子因为激动一定会挣扎抵触，这时候父母什么都不要说，坚定地紧紧地将孩子抱在怀中，无论他多大年纪，是儿是女。孩子挣扎几下后，通常会彻底放松瘫软下来，这时候父母还可以轻轻地拍拍孩子后背，就像小时候哄他睡觉那样。等到孩子哭出来，危机就能暂时化解了。但是，特别要注意的是，假如当时所处的环境不安全，比如孩子已经站在阳台或楼顶边缘、桥上或河边时，则千万不可贸然靠近孩子，这时候，可以站在原地不动，向左右两边张开双臂（而不是向前对着孩子），呼唤和等待孩子。父母越耐心越坚定，孩子越有可能放松下来。观察孩子的呼吸，随着孩子的呼吸放慢语速，在孩子呼气的时候讲话，一个字一个字平缓而坚定地告诉孩子："无论发生了什么，爸爸妈妈都永远爱你，永远等着你。"讲话时，用一只手（掌心向下）随呼吸轻轻地缓慢地打节拍，帮助自己平静的同时，为孩子的呼吸"带节奏"。孩子即使不看你，物我也会接收到你传递的气息和身体暗示，从而更有可能从冲动紧绷的状态中放松下来，度过危机。

2020年12月4日，就在我对书稿做最后的调整和梳理，准备交稿时，又看见了一段令人心痛的视频：安徽一个14岁女孩，在警察叔叔正在劝说和试图营救她的时候，突然转身跳河溺亡。我反复倒带看了很多遍，想解读孩子那一刻真实的心声，想捕捉一丝一毫可能的援救契机。视频里听不见女孩和警察之间有无对话，但看得到的是，女孩是在两位警察伸出手想要拉她回到岸边时，毅然转身投河的。假设那一刻援助者的双臂是向两边微微张开，掌心向下轻轻拍的话，结果会不会有所不同呢？虽然援助者的本意是为了营救孩子，但从危机当下的孩子的视角来看，在她自己还没有做好放弃自杀念头的心理准备时，伸向她的胳膊就像靠近她的人，会让她感觉到“被阻拦”，而不是被接纳，所以会本能地加以抗拒，从而加速不理智的冲动行为。这并不是援助者的错，只是在提醒我们，大家都需要相关的心理救援培训。

一个值得学习的成功救援案例是，2020年9月24日，四川一个12岁的女孩爬上楼想要轻生。警察赶到现场试图将她救下，但女孩在看到民警之后情绪更为激动，大喊不要过来。其中一位警察见状安慰道：“有什么委屈给警察叔叔说，我们帮你解决。”在民警的不断安慰下，孩子终于吐露了心声。原来，由于父母长期在外地工作，没有时间照顾她，她一直跟爷爷奶奶生活。缺少父母陪伴的她，越来越自卑，在学校里也没有什么好朋友，所以才产生了轻生的念头。警察听到后当即表示:“最近朋友圈都在流传‘秋天的第一杯奶茶’，我请你喝奶茶。”女孩同意了，但要求由外卖小哥送来。于是，机智有爱的警察叔叔换上外卖小哥的衣服，在给女孩送奶茶的时候，趁其不备将孩子安全救下，之后又联系了孩子的父母跟家人，叮嘱家长在孩子学习和生活中多与孩子交流沟通，关心孩子的内心世界，以免再次出现危机。

“一杯奶茶”之所以能够打动孩子，化解危机，是因为警察叔叔始终站在孩子的角度支持她，而不是站在她的对立面阻拦她。试想，一个自我否定的孩子，假如连最后唯一的“自由选择”也都要被否定，那么，还有什么愿望和理由活下去呢?

所以，救援孩子，应将重点放在对他们的生命和感受说“是”，接纳他们的痛苦和无助，帮助他们活下去，而不是否定他们想死的心。不要把力量放在对抗死亡上，而是把力量放在倾听和陪伴上。在危机时刻，任何“理性劝说”都是危险和无效的，不要试图劝服孩子已经被冲动占满的头脑，而是要打动他们的心，唤醒他们的感情。“奶茶叔叔”和之前提到的那位成功救下妈妈的小男孩，都是我们学习的榜样，因为他们传递的都是:“我来帮你！”

第三，真诚认错。无论之前发生了什么，孩子如此激动，一定是有一些未被父母了解和倾听的诉求。等孩子愿意待在父母怀抱里或者与父母一起坐下来谈谈时，父母应真诚地向孩子认错、道歉，告诉他爸爸妈妈愿意认真听听他的心里话，承认自己之前也太激动，太武断，自己会先改变。同时，记得真诚地说一句："对不起，宝贝，你受苦了，爸爸妈妈知道你坚持到现在很不容易，我们爱你。"

不要害怕说出的这些话太肉麻，事实上，孩子已经等得太久了，而自杀往往是因为失去了等待的勇气和信心。2018年，我在书店偶然发现了一本日本10岁孩子中岛芭旺写的书《我看见，我知道，我思考》。书中92段简单的文字和干净而深邃的思想深深打动了我，让我一口气读了好几遍。其中一段写道：

我希望人家关心我，所以哭泣，
但是我又在自己周围建了围墙，
因为我希望爸爸妈妈翻过围墙进来。
可是我却说了"不要过来"，
因为我觉得要是说出想要他们来，

他们可能就不会来了。

但是，他们真的来了，

舍弃了那种自尊，就有人关心我了。

围墙的另一边有跟自己说话的人，

那些人虽然不会翻进围墙，

但是会在那边跟自己说话。

爸爸妈妈都会喊我的名字，

有这些人在，真开心。

“人之所以哭，是因为需要关心。”

我很希望，身为父母的你，也和你一样，从文字里读懂天下孩子同样的心，然后，找对方法，“翻过围墙”，给他们真正的倾听和关心。

当孩子接收到你真正的关心，危机才可能被化解。孩子完全平静之后，父母还需要马上单独联系FMAP的外部专家，咨询下一步该如何做。如果有必要，专家会教父母如何邀请孩子一同接受心理咨询，逐渐改善冲动性格，学会情绪管理。

再来看非冲动性自杀，也叫作预谋性自杀。

这一类孩子的自杀，通常是由抑郁症引发的。所以，父母需要先认识抑郁症及其症状的各种表现，同时要了解专业的诊断标准以便启动预警，及时干预。

儿童抑郁症，是起病于儿童或青少年期的，以情绪低落为主要表现的一类精神疾病。美国研究者的调查表明，抑郁症在儿童中的发病率为0.4%~2.5%，在青少年中发病率可能上升至5%~10%，澳大利亚及意大利的研究结果与美国的一致。中国青少年儿童抑郁症的发病率为0.4%~8.3%，大多与孩子童年遭受较多负面生活事件有关。

目前最主流的精神疾病诊断标准——美国《精神疾病诊断与统计手册》(DSM-5)里，青少年儿童抑郁症被更名为：破坏性情绪失调障碍(disruptive mood dysregulation disorder, DMDD)，归属在“抑郁障碍”之中。

为了帮助大家更好地了解孩子的哪些表现属于疾病病症，我将DMDD的诊断要点详细列出来供大家参考，但专业的诊断一定要交给医生。

A：以严重的、循环发生的、对一般刺激的脾气爆发为特征，脾气爆发表现为言行的紊乱，例如言语冲动、毁物伤人。这些反应显著背离了刺激的强度和持续的时间。

B：这些反应与发展水平不一致。脾气的爆发与儿童的发育阶段不匹配。

C：频率：平均每周脾气爆发3次或3次以上。

D：在脾气爆发之间的心境：几乎每天，脾气爆发之间的心境都是负性的（易激惹、生气或/和悲伤），而且负性的情绪能被他人发现（包括父母、老师和同伴）。

E：持续时间：上述A至D症状出现至少12个月，在这段时间里，不出现上述症状的间隔不超过3个月。

F：上述A至D症状至少在两个不同的地点和环境下爆发（家里、学校、和同学），而且其中一次必须很严重。

G：实足年龄至少6岁（或者与发育水平相当）。

H：初始爆发的年龄在10岁前。

I：病史反映或临床观察，症状突出的持续时间从未超过1天。

J：在过去的几年内，患儿情绪异常高涨的时间不会持续超过1天，而且情绪异常高涨是与发病、加重、躁狂三大标准中的"B"标准[1]相伴随的。情绪异常高涨需要与一些生活中正性事件或期盼时的高涨心境区分开来。

K：这些症状不依赖于药物滥用后的生理反应，或者神经病学情况。

---

1 即夸大，自我膨胀，睡眠要求减少，滔滔不绝，思维奔逸，注意力随境转移，目标指向性活动增强，过度参与可能造成严重后果的活动。

破坏性心境失调障碍的核心特征是慢性的，严重而持续性的易激惹。这种严重的易激惹有两个显著的临床表现：一是频繁地发脾气，二是存在慢性持续性的易激惹或发怒的心境。据估计，有2%~5%的儿童和青少年患有破坏性心境失调障碍。在男生和学龄期儿童中，比在女生和青少年中更多见，但根据之前的疾病分类标准和统计数据来看，10岁后，女生患抑郁症的比例是男生的两倍。

从日常生活来看，青少年儿童的抑郁症主要表现为以下几点。

行为方面：多动，喜欢攻击别人，害怕去学校，不愿社交，故意回避熟人，不服从管教，冲动，逃学，表达能力差，成绩差，记忆力下降，离家出走，甚至有厌世和自残、自杀行为等。

情绪方面：儿童抑郁症的表现为目光垂视，呆滞无神，表情冷漠，易激怒，敏感，哭闹，好发脾气，焦躁不安，厌倦，胆小，羞怯，孤独，注意力不集中，易受惊吓，常伴有自责自罪感，认为自己笨拙、愚蠢、丑陋、没有价值，常灰心丧气、自暴自弃、唉声叹气，对周围的人和事不感兴趣。

躯体方面：睡眠障碍，食欲低下，过于消瘦，疲乏无力，胸闷心悸，头痛胃痛，恶心，呕吐，腹泻，遗尿遗屎等。

年龄差异：研究发现，3岁 ~5岁学龄前儿童主要表现为明显对游戏失去兴趣，在游戏中不断有自卑、自责、自残和自杀等表现；

6岁 ~8岁的儿童主要有躯体化症状如腹部疼痛、头痛等，同时有痛哭流涕、大声喊叫、无法解释的激惹和冲动；

9岁 ~12岁的儿童，更多出现空虚无聊、自信心低下、自责自罪、无助无望、离家出走、恐惧死亡等表现；

12岁 ~18岁的青少年，更多出现冲动、易激惹、行为改变、鲁莽不计后果、学习成绩下降、食欲改变和拒绝上学等。

还需要特别警惕的是，青少年罹患隐匿性抑郁症的情况也较为普遍。隐匿性抑郁，也叫微笑抑郁，这样的孩子看起来非常阳光、开朗、优秀、完美、充满正能量，让人几乎无法将他们与抑郁症联系在一起，甚至不少这一类型的孩子自杀后，父母、老师以及同学朋友们，仍然无法相信他们会走上绝路。隐匿性抑郁的危险系数更高，同时又难以被觉察，所以，父母要特别关注，尤其是那些看起来过于完美和乖巧听话的孩子。

如果你观察到孩子有上面的表现，一定要在第一时间带孩子就医。稍有迟疑，就可能错过拯救孩子的机会了。

就在我写到这里的时候，一位大学一年级的班级心理委员打来电话求助，说班里有同学刚被医院诊断为重度抑郁，有自杀倾向，医院要求马上住院，但这位同学不想住院，而且请求他不要告诉班主任和家长。心理委员问我该怎么做。我说："这位同学需要遵医嘱，尽快住院，接受药物治疗。有自杀倾向属于保密例外，为了保护患病的同学，班干部有责任尽快上报班主任知晓，启动相应的危机应对机制。在班主任作出回应前，必须有人轮流陪伴患病同学，24小时不能离开他。不要试图劝说，因为劝说只会加重患病同学的病情，他人需要做的只是倾听和陪伴。"

这些建议，对父母也同样适用。而且，我想你已经感受到了青少年儿童抑郁症的高发病率。作为家庭的心理关怀专员，但愿你可以及早开展家庭心理危机三级预防行动。第一级针对日常生活，第二级针对一般心理问题，第三级则针对重度疾病和自杀危机。但愿每个家庭都能够防患于未然，趁一切还来得及。

陷入心理危机的孩子，物我会释放出许多求助信号，虽然心我并没有刻意这么做。所以，做有心的父母，经常练习与孩子身心同频，就不会错过那些宝贵的援救时机。

比如，不要错过孩子任何一次“想死”的表达，因为无论他们是不是真的想死，心里都一定强烈到只能用“死”来唤起渴望关注的信息，他们需要的是被认真倾听。不大惊小怪，不淡漠嘲讽，是父母此时应具备的基本修养。放下手中的一切，坐到孩子身边，关注孩子，真诚地说：“爸爸／妈妈听见你说‘想死’了，爸爸／妈妈想听你详细说说，可以吗？”这样的开场，才会为接下来的交流创造可能性。

再比如，不要忽视孩子身上无缘无故的伤口。它可能是自残的开始，也可能是霸凌的罪证，但孩子不敢跟你说。原因是担心说了之后得到的不是支持和帮助，而是来自你更大的伤害和霸凌。您没看错，太多父母一生都在“霸凌”自己的孩子却毫不自知。

此外，当孩子突然沉迷于手机，迟迟不肯去睡，连自己的好朋友也不想见了，把自己喜欢的东西全部送人，对以前喜欢的食物也没兴趣了，不担心作业没写完或考试没考好了……经常从窗口向下望，经常眉头紧锁却突然有一天脸上浮现出轻松神秘的笑容，突然说“爸爸，你以后要对妈妈好点”，突然不跟你争吵了……当所有这些信号发出的时候，希望你的心务必“在线”，及时跟孩子交流(而不是审讯)，给他们的情绪一个安全的出口。

好不容易争取到救援机会后，父母一定牢记：不要让执我的毒性发作，因为自己的贪嗔痴而剥夺了孩子活下去的可能性。如果孩子再次选择放弃生命，挽救的希望就会越来越渺茫。

一对创办了家族企业的夫妻，因为丈夫有外遇而面临离婚和财产分割等一系列家庭变故。就在这时，女儿偷服了妈妈的安眠药，被送往医院抢救过来后，医生要求女儿继续住院治疗，同时要求家属陪同。忙碌的爸爸和焦虑的妈妈每次追着医生问得最多的话是：“还要住多久？”女儿躺在病床上悄悄落泪，觉得自己只有早点死了才不会拖累他们。妈妈发现了女儿二次自杀的准备，哭着找到我，问：“您有没有办法让我女儿快点好起来呢？”

我说：“只有您允许女儿‘不用快点好起来’，她才有可能好起来。您越希望快，女儿的自责自罪就越深，越觉得自己不该活着。”

不仅如此，当女儿的心我发现，只有通过伤害自己物我的方式才能将父母和家留下来时，物我就别无选择地成了祭祀桌上的供品。

很多父母无法理解的是："以前那么多的压力和挑战，他都扛过来了，为什么被我们说两句这点小事就过不去了呢？"

其实，孩子和大人一样，也会常常在心里呐喊："我已经在大事上承受那么多痛苦了，为什么小事也不放过我啊？"咨询室里，挣扎在危机边缘的孩子，哭诉得最多的是我已经尽力了，你们怎么还不满意啊？我已经尽力了，作业怎么还是出错啊？我已经尽力了，他们怎么还是不喜欢我啊？我已经尽力了，习题怎么还是做不完啊？

……

为什么大人眼中的小事会常常令孩子崩溃？因为，所有孩子哭诉的背后，都藏着一连串绝望的疑问："这个世界会好吗？再也不会好了吧？我再也不会好了吧？"

2017年5月，备受歌迷喜爱的美国摇滚乐队林肯公园，出了一张新专辑《光芒再现》，就在他们准备展开世界巡回演唱的前夕，主唱贝宁顿却选择了在已故好友、歌手康奈尔生日当天自杀，再也没能赴与歌迷之约。而康奈尔，也是在5月自杀身亡的。

一个人的自杀，至少会影响身边6~8位亲友，而且影响可能会持续20年之久。贝宁顿生前，在《光芒再现》这首歌里唱道："该留下来吗？是我忽略了任何提示吗？我能帮你吗？谁在乎又有一道光的熄灭？我在乎，我在乎。"这首歌，在他去世后，温暖和挽救了许多想要自杀的人，却没有能够救下他自己，令人感到深深惋惜。

贝宁顿的自杀，与他的童年阴影、酗酒吸毒、健康状况以及生活压力等都有关系。而最直接的触发事件，正是好友的死。

2020年，我们看到太多青少年自杀的新闻报道，这些报道唤起了更多父母和社会对青少年心理危机的重视，但同时也令专业人士们深深担忧，因为自杀行为有传染性，大量集中报道容易诱发"维特效应"。1774年，德国大文豪歌德的名作《少年维特之烦恼》面世，讲述了一个青年因为失恋而自杀的故事。小说发表后，造成极大的轰动，不仅使歌德名声大噪，而且还在整个欧洲引发了模仿维特自杀的风潮，心理学家将此现象称为"维特效应"。之后，进一步的研究发现，每次轰动性自杀新闻报道后的两个月内，自杀的平均人数会比平时多58个。报道传播得越是广泛，随后的自杀者就越多。例如，在媒体报道了玛丽莲·梦露自杀的新闻之后，那一年全世界的自杀率增长了10%；张国荣自杀后的当月，香港自杀人数不但创下131人的新高，而且选择跳楼自杀的人数比上一年增加了32%，自杀率增幅最多的是年龄在25岁～39岁的人，其次为25岁以下的青年。其中，有4个人的遗书中都大致表达了同样的想法："张国荣这样有钱都死，何况是我？"不仅如此，调查研究人员还发现，接下来的每一年，越接近4月，自杀者越多。

所以，心性层面的生命教育，我们要特别谈一谈如何帮助孩子面对丧亲之痛。亲人长辈的去世对孩子来说是重大创伤，如果没有得到及时的干预，也会引发抑郁情绪和心理危机，或者造成长期的心理困扰。

首先，父母需要了解的是，经历了重大公共危机事件（如地震、火灾、流行病爆发等），或者重大生活变故（如熟悉的亲人长辈去世、父母离婚等）后，孩子跟大人一样，情绪通常会经历震惊否认、生气愤怒、讨价还价、忧郁沮丧、接受现实这五个阶段的变化。不同阶段中不同年龄段的孩子需要的支持和回应也不同。

比如，我的女儿7岁那年，与我一起在医院陪伴她的外公走完了人生的最后一程。虽然之前已有心理准备和心理建设，但当外公真的走了时，女儿的第一反应仍然是震惊和否认，大声哭喊:“不要！外公没有死，不要把外公带走，我可以救他！”而我能做的，是尽可能地抱着她，亲吻她，陪伴她，允许她哭泣。第二个阶段，我跟生气愤怒的女儿一起，读了所有能找到的与外公和死亡相关的绘本，慢慢帮她了解死亡，与外公告别，知道所有人的外公最后都会死去，但外公的爱会永远在。第三个阶段，我陪着女儿一起跟“老天爷讨价还价”，问老天爷，我们怎么做，外公才能回来看我们；如果实在回不来，我们又该怎么样让外公看见我们，比如写信、画画、唱歌跳舞。第四个阶段，女儿忧郁沮丧，时轻时重地持续了将近半年，尤其是看到其他同学的外公时，女儿就会难过地问:“为什么他们的外公都没有死，我的外公就要死？不公平！”我就会告诉她，每个人来这个世界上都有自己的任务，外公任务完成了，而且完成得非常好，所以老天爷就接外公回去休息了。不过，这种“休息”跟我们平时的休息不同，而且必须要等老天爷批准，而老天爷就是规律，世界上所有的生命都要听规律的安排。我们将来也都会死，不过死之前，必须要完成规律交给我们的任务，比如长大成人，创造价值，做妈妈，做外婆……第五个阶段，女儿开始接受现实，主动想要把外公写出来。她花了一个晚上，在我的陪伴下，写一会儿哭一会儿，最后完成了一篇400多字的感人习作。我鼓励她投稿，发表在了报纸上，并保存了样报，以恭敬和正式的仪式，完成了跟外公之间的心理告别。

总结起来，我为女儿做的事是：细腻温柔的身心关怀和陪伴；图文并茂的死亡解读；允许悲伤并表达悲伤；赋予意义，完成告别，走出哀伤。

在整个过程中，还有一件重要的事，就是允许女儿在这个阶段里学习不那么用功，表现不那么积极，允许她说“我不要做学霸”，允许她放弃钢琴学习，但放弃钢琴不等于放弃音乐。女儿对音乐的敏感天赋和理解力，让她对外公的思念随时都有表达和流动的渠道，她经常会专注地听一首乐曲，然后说：“这是思念人的音乐。”有时还会自己主动用琴弹奏出来。允许她所有这些行为，是因为我知道，女儿需要全力以赴地度过哀伤的各个阶段，度过之后，自会成长，而小小的生命，不能在同一时间段里承受太多的压力。

对更小一点的学龄前儿童，同样可以用拥抱安抚、绘本阅读、唱歌画画、沙盘游戏等方式来陪伴，不同的是，语言的表达需要更多的象征性，同时要能够听懂孩子的表达。

3岁~4岁的孩子，表达和解释能力有限，但感受能力甚至强过大人，所以，父母一定不要忽略当遭遇变故时他们的身心需要。我和林紫心理机构100余位志愿者们在汶川地震灾后援助中，带着一批批的孩子进行游戏绘画、戏剧表达。大一点的孩子纷纷讲出了地震带来的恐惧和悲伤，而一个三四岁的小弟弟，在开始时只是静静坐在一边看着。我每次也只是拥抱他，邀请他一起玩耍，并不询问他任何问题。直到有一天，小弟弟趴到我的耳边对我说："阿姨，我告诉你，我做过一个梦……"我知道，孩子准备好了。

在心性层面，帮助孩子处理哀伤，对父母来说或许还比较容易；但要直接谈论死亡，则会让很多父母感到左右为难。一份来自华东师范大学的调查显示：即使在上海这种观念开放、经济发达的城市里，仍有63%的家长难以接受向孩子开展和死亡相关的教育。之所以难以接受，是因为多数家长仍然觉得"死亡"是一件可怕、负面和"触霉头"的事情，担心直接谈论死亡反而会诱发孩子想死的念头，以为避而不谈才是对孩子最好的保护。然而事实是：

我们越是能坦然和直接地谈论死亡，才越有可能降低孩子自杀行为的发生率。

对死亡的刻意回避和讳莫如深，反而会令孩子产生以下情绪。

（1）将死亡恐惧和死亡焦虑泛化

比如，一直用“离开了”“去很远的地方了”“睡着了”等词语来代替说不出口的“死”字的话，孩子对死亡的想象就会扩展到：爸爸妈妈去上班就是“离开了”，离开了就再也回不来了，我再也不要睡觉，因为睡着了我就死掉了。

（2）严重丧失安全感

就像我们前面的章节里所提到的，对于2岁~7岁的孩子来说，他们害怕的并不是死亡本身，而是害怕与父母分离和被抛弃。所以，亲戚长辈、故事中的角色或家中宠物的死亡，会让他们内在的安全感受到严重破坏，他们甚至会整夜想象自己最亲近的长辈的死亡，但又不敢告诉父母。因为晚上睡不好，所以白天更容易发脾气、哭泣、注意力不集中、烦躁不安、与小朋友发生冲突。

（3）长期陷入抑郁

当孩子经历丧亲之痛，但没有人跟他们细致地谈论死亡，孩子就可能卡在哀伤的第四个阶段里，长期走不出抑郁沮丧的情绪，甚至出现自杀自残的念头和行为。我的一位男性来访者说，在他3岁的时候，最爱他的外婆去世了，他参加了外婆的葬礼，并无意中看到了外婆的遗体，那种毫无生机、苍白僵硬的状态深深地印刻在了他的脑海里。与此同时，身边大人的哭喊声又让他陷入深深的无助和绝望中，认为大人随时都可能失去保护自己的能力，而这正是他成年后对死亡感到格外恐惧和焦虑，并且陷入长期抑郁状态的根本原因。

生命教育，只谈生不谈死，就会沦为另一种应试教育——迫使孩子用生命来满足大人对标准答案的执念，而不是让生命开出他们自己的花朵。

花草植物，是我们跟孩子一起学习生死学问最好的老师。给孩子准备一个小花盆，带着他们一起体验从播种到植物生根发芽，抽枝长叶，开花结果，枯萎凋零的全过程，让他们真实地感受生命的完整周期，并且真实地看到“死亡是生命的一部分”。当一部分生命死亡的时候，另一部分生命又诞生了；死去的部分，可以为新生的部分提供养分。四季更迭，当生时生，当死时死，欣赏自然发生的生死之美；看见植物和人一样，在活着的时候好好活着，任务完成的时候，就可以安心地死去；也看见生与死，并不是独立地存在于花、叶、果实之中，对整株植物来说，生命是在这些部分流转和接力存续的。

与此同时，也让孩子面对死亡可能带来的真实痛苦，比如，分离与不舍、身体的疼痛、内心的恐惧、无法倒转的遗憾……而这些痛苦，可以由我们自己的念头和看法来改变和减轻。还要让孩子知道长辈的死亡，不是他们的错，不是因为他们不乖、不好、不值得爱，在长辈心里，他们已经足够好，长辈已经很满足了，他们的存在，让长辈们在活着的时候更快乐，死去的时候更安心。

所有这些过程中，谈论死亡要像谈论一年四季一样，既不美化也不妖魔化，既要敬畏也不恐惧，既要直面也不主动追寻，既要有科学也要有艺术和哲学，既要孩子气也要深邃凝重。而掌握好这一切的过程，其实也是父母自己直面生死，将这一期的生命提纯出智慧的过程。我常常开玩笑说，孩子是我们的老师，是来“渡”我们的“菩萨”，因为只有透过他们，我们才有机会看清楚生命的来龙去脉、起承转合，同时也看见自己的喜怒哀惧、贪嗔痴疑，才有机会更好地修正自己，不浪费这一期的生命。

“死亡教育”，是生命教育的重要组成部分，也是唯一能够让父母和孩子在习性、物性、心性和慧性四个层面全都更紧密联结、相偎相依、“团队协作”的课题。

所以，所有的探讨最后都汇聚于生命教育的第四个层面——慧性层面。在这个层面里，我们讨论生死，其实最终讨论的是“在一个生物体中发生的时空事件”，以及在一个生物体外，还有哪些生命形态正穿越时空的疆界。

· 慧性层面：慧我危机的觉察、调适与干预

中国古代的智者，很早就在探索生命向死而生的过程最终会留下些什么。如“一旦无常归去世，田园楼阁后人收。只有一点慧性在，上清下浊两分开”。

而关于慧性，枯木禅师的描述美而深刻：“门前自有千江月，室内却无一点尘。贝叶若图遮得眼，须知净地亦迷人。”

生命教育主题下的慧性危机，我们在前面的章节里讨论过。如果也要给它一个诊断标准的话，我们可以这样描述：当一个人在生命意义的探索层面体验到无助感，在与世界万物及他人的关系中丧失了联结感，在创造力和好奇心方面产生了匮乏感，对于活着变得麻木和短视，缺少了神韵与活力时，就可以被“诊断”为慧性危机，也可以叫作智慧危机。

在心理学领域里，研究慧性的流派除了前面提到的荣格分析心理学派以外，还有二十世纪六十年代末至七十年代初在美国兴起的超个人心理学派。虽然主流学派还没有全面领悟到慧性研究的重要性，但不妨碍越来越多关注更深层生命体验和生命品质的人，不断向探索慧性层面走来。

我对慧性的思考，起源于对孩子们的珍爱和对生命所能实现的更高智慧的向往。在我来看，自杀就像心灵的内卷化，要预防和减少它，只有向更高的层面拓展生长的空间。有了慧性之光，才可以滋养物性和心性，管理好习性，活出意义所在。

死亡本身并不可怕，可怕的是含着怨恨、委屈、无助和敌意死去，杀死了物性，但慧性并未得到解脱，反而困在贪嗔痴和执念中。所以，危机干预，并不是否定和阻拦人在痛苦中想死的念头（越否定和阻拦，自杀的念头就越执着，这也是为什么有过自杀经历的人再次自杀比例很高的原因之一），而是给生命一个“活清楚，死明白”的机会，让慧性重新进入物性，激活心性，照亮习性，提升生死的品质。自杀而死的人，慧性是一团怨气；活到自然死的人，慧性则散发着芬芳的气息。

从这个角度来说，生命教育也不是剥夺个体的生命自主权，而是帮助个体越活越清晰，然后平静从容地面对死亡自然到来的那一刻，有尊严地完成一期的生命。

假如每一位施救者都能发自内心地尊重自杀者，同时让他们感受到："我想救你，不是因为怕你死，而是怕你没有开心地活过，没有来得及做你自己，没有享受到生而为人的乐趣。我很心疼你，所以我想帮你，陪伴你。"那么，救援成功的概率会高很多。

如果说自杀行为产生的根源在于习性的"五毒"的话，那"解药"则藏在慧性的智慧之中。所以，对慧性危机的觉察、调适与干预，与其说是预防自杀，不如说是"扶正祛邪"，让智慧的光芒照亮每一个至暗时刻，唤醒孩子们的内在生命力，让他们更好地活着，让他们明白原来真正的解脱自我不是杀死物我，而是转变心念，在慧性层面"大死一番，再活现成"。

"大死一番，再活现成"的意思是充分了解和接纳生命本身的无常变幻，知道生与死每时每刻都如影随形，从出生那一刻起，人的每一步都在迈向死亡，看起来是岁数在增加，实际上是寿命在减少，所以人生短暂，活一天少一天。活着的功课或者使命只能在生与死之间的这一期生命中完成。因此，我们只需要过好每一天，规划和管理好自己的生命四季，春种夏长，秋收冬藏，顺应规律，减少熵增，完成体验，每天的我都在死去，每天的我也都在新生，直到任务完成，终极的死亡自然来临，将我们转化为新的形式，回归到我们来的地方。在那里，与万物重新融为一体。

听起来，这样的描述十分抽象和深奥，大人参悟起来尚且不易，孩子似乎更无法理解。然而事实是，当我们以图画等具象形式将从生到死的过程完整展现给孩子们时，他们往往会比大人更快地领悟核心，因为他们本来就站在离核心最近的地方。

比如，我和女儿是这样做的：在一张A4纸上，画出10×10共100个格子，每个格子代表人生的一岁，直到100岁。在第一个格子里写上“生”，在最后一个格子里写上“死”，然后，找到现在的岁数对应的格子，将过去的每一格涂上不同的颜色，颜色代表那一年自己过得怎么样，开心为主可以用红色，难过为主可以用黑色，充满希望则用绿色，等等。接着，看一看未来的3年、5年、10年，自己希望怎么度过，想要涂上哪种颜色？如果要涂上想要的颜色，自己需要做些什么？然后，在对应的格子里写下关键词。全部完成后，把它贴在墙上，稍微站远一点，静静观看，问问自己：如果我的一生是这样度过的，从0到10进行满意度打分的话，我给自己的人生打几分呢？如果满意度低于5分，有哪些格子可以进行调整？

在此基础上，我们还做了生命阶段的关系重叠图。在格子的底部，用不同颜色的直线，标注出每一位家人可能陪伴我们的岁月长度，看一看，如果我们彼此生命重叠的时间只有这么多，那我们怎么度过才可以少些遗憾呢？

这样的练习，可以每年做一次，看看我们会有哪些想法随着年岁的增长而变化，也看看现实和理想的差异，以及我们如何对待这些差异。

我们的第一次练习做完后，9岁的女儿不声不响地又拿出一张纸，在上面画了一幅非常完整的生命规划架构图，其中包括小学阶段的自己，中学阶段的自己，大学及大学毕业后的自己，最后落脚在“成为一名出色的设计师”这里。此时，距离外公去世正好两年，而她清晰地看到，在自己“100个格子”长的生命里，外公虽然只陪了她“七个格子”的时间，但他的坚强和乐观，无穷的创意和好奇心，躺在病床上也能给家人带来欢乐的可爱神情，全都融入了她的生命里，即使外公不在了，他也仍然参与在自己为成为设计师而努力的过程里。

这样的彼此参与，正是化解危机、让孩子获得更多慧性滋养的力量源泉。一年后的2020年，女儿10岁，从小陪伴她的外婆也离开了。有了跟外公告别的生命练习和经验，这一次，面对死亡和失去，女儿拥有了更多平静的力量，走出哀伤五阶段的时间也缩短了。

外公外婆的去世，让小小的生命有了更多慧性的思考。有一天，她一边吃饭一边自言自语地说："老天爷让我那么小就经历这些，是因为爱我还是因为不爱我呢？他是不是想让我早点经历了，长大后就没有那么痛苦了？"我把她轻轻地揽在怀里，回应她说："对，我想正是因为'老天爷'爱你，爱外公外婆，所以才让我们成为一家人，让我们有机会得到相互的爱，去完成我们每个人这一生要完成的使命。"女儿想了想，继续问："那外公外婆的使命是不是就是陪我长到现在这么大？那我的使命是什么呢？"我说："成为你想成为的自己，用你的创造让这个世界更有趣，把'击鼓传花'的游戏继续下去。妈妈觉得这些就是你的使命。"

跟大家分享我和女儿的日常片段，不是觉得我们做得有多"正确"，而是希望抛砖引玉，激发出你和孩子之间的慧性互动，在生命的最深处完成相互的"生命教育"，唤醒那个"昭然独明，若风吹云"的慧我，让它以智慧之光照顾和引领其他三个我。

具体来说，父母可以参照古文《吉祥经》里的提示，一条一条对照着练习，包括自制净生活，领悟八正道——保持家庭身心环境的洁净有序，修习：正见（不偏颇的见解）、正思维（没有太多杂念）、正语（讲真话）、正业（从事向善的职业）、正命（过对身心健康有益的生活）、正精进（朝着智慧的方向努力）、正念（随时保持自我觉察）和正定（情绪稳定，身心合一）。

八风不动心，宁静无烦恼。不被尘世间煽惑人心的八件事迷了心智，包括：称（称颂）、讥（讥讽）、苦（苦难）、乐（享乐）、利（利益）、衰（衰败）、毁（诋毁）、誉（名誉）。

一切处得福，是为最吉祥。如果能够按照《吉祥经》里的每一条指导不断练习，人生就处处都能福慧吉祥了。

我把《吉祥经》的全文放在本节课的最后，你可以对照看看。很难是不是？没关系，只要我们朝着对的方向不断练习，生命就会一天更比一天好。

这一课，留给你的作业是：参照我和女儿的方式，与孩子一起，画一画你们自己的生命百格图，然后，像朋友那样，不带任何对错评判地好好聊一聊，看一看，你们各自的使命是什么？

所谓使命，我带着女儿“走”的思考路径是：“造物者把哪些资源放到我身上了？这些资源可以用来为人类做些什么？”

生死之间，如果我们常常带着孩子一起思考：“我用这一期的生命成就了什么？”人生就会越活越宽广；而如果我们带着孩子总是在想：“我用这一期的生命得到什么？”则会越活越迷茫。所以，看起来使命是为了别人，其实最终还是在帮助我们自己。

如果你不知道怎么跟孩子解释使命，可以听听10岁的中岛芭旺怎么说：

我是为了做只有我才能做到的事情，
才出生在这个世界上的。
就这么简单，仅此而已。

附:《吉祥经》

勿近愚痴人，应与智者交，尊敬有德者，是为最吉祥。
居住适宜处，往昔有德行，置身于正道，是为最吉祥。
多闻工艺精，严持诸禁戒，言谈悦人心，是为最吉祥。
奉养父母亲，爱护妻与子，从业要无害，是为最吉祥。
布施好品德，帮助众亲眷，行为无瑕疵，是为最吉祥。
邪行须禁止，克己不饮酒，美德坚不移，是为最吉祥。
恭敬与谦让，知足并感恩，及时闻教法，是为最吉祥。
忍耐与顺从，得见众沙门，适时论信仰，是为最吉祥。
自制净生活，领悟八正道，实证涅槃法，是为最吉祥。
八风不动心，无忧无污染，宁静无烦恼，是为最吉祥。
依此行持者，无往而不胜，一切处得福，是为最吉祥。

第七课

生命的意义：
“妈妈，我生下来是为了遇见你”

爱，征服一切

天道明白说，
只是一个：无我
王道明白说，
只是一个：爱人

—— 偈语

“妈妈，我生下来是为了遇见你”

一次亲子活动中，我带着大家一起做生命探索游戏。其中一个7岁的男孩，正因为父母离婚而陷入抑郁，每天都会哭着问妈妈：“你为什么要把我生下来？我什么都做不好，我就不该出生在这个世界上！”为了帮助他，我请每个大人和孩子轮流说一说，自己是为了什么来到这个世界上的。孩子们有的说是为了当宇航员、科学家、画家，有的说是为了保护动物，还有的说是为了来玩的，因为世界上有很多好玩的游乐场……最后，轮到一个跟男孩差不多大的小女孩，她眨巴眨巴眼睛想了想，然后扑进妈妈怀里羞涩地说：“我生下来是为了遇见我妈妈，我妈妈是世界上最好的人……”

“为了遇见妈妈”——不止一个孩子这么说。我在小时候，读过《长袜子皮皮》的作者阿斯特丽德·林格伦写的另一本儿童小说《小飞人卡尔松》，印象最深的一幕是：7岁的男主角“小家伙”，有一天分别询问了爸爸妈妈、哥哥姐姐的不同出生地点以后，红着眼睛激动地说：“原来我们都来自不同的地方，我能遇到你们，真是太好了。”小小的我在看到这里的时候，眼睛也红了，又哭又笑地头一次想到：世界上有那么多人，却只有这几个能跟自己成为一家人，真的是太不容易了，要好好珍惜！

前面提到的日本10岁小哲人中岛芭旺说：“能够生为妈妈的小孩，是我最厉害的能力。”

有趣的是，今年7月，著名演员黄磊的妻子孙莉，在微博上说，她的女儿也说了同样令她感动的话：“我出生是为了和妈妈相遇。”

对孩子来说，遇见父母，本来就可以是生命的全部意义，足以支撑他们活下去。然而，当父母离婚，孩子被问到“你选谁”；当考试不如意，父母说“你看看别人”；当不想上辅导班，父母说“我怎么生了你”……谁又能来帮助孩子重建生命的意义呢？

在生命探索游戏里，父母的回答大多是，“还在寻找”“生不由己”“一言难尽”……为什么一言难尽？因为活着活着，就丢失了“昭然独明，若风吹云”的能力，越努力越远离了生命的核心。

人的一生，最具慧性、最接近生命核心的部分，恰好是生与死的两端。我很幸运能在父母去世前，一直陪伴在他们身边，亲自对他们进行临终关怀，享受与父母慧性相连的美好，学习他们对待生死的态度，聆听他们总结生命的意义。

你是我的暗物质，我是你在世上的光

我的父亲是个老顽童，本来身体很好，后来因意外受伤而住进了ICU病房。医生下了很多次病危通知，但父亲最终以他顽强的生命力和乐观的性格挺了过来。出ICU的那天，他虽然还带着氧气面罩，但仍然一路高歌，把送他回普通病房的护士和路过的病人们都逗得哈哈大笑。

2017年8月，85岁高龄的他再次住进了医院。每一次有家人探望，他都会把老老小小所有人的手拉过去，放在嘴边轻轻亲吻，深情地说："你们都好啊！"每一次，大家都一边笑着拥抱和回吻他，一边相互拍下这些温馨而宝贵的时刻。我知道，父亲已经在准备告别这个他深爱的世界。他说："我活到这个年龄，该有的都有了，该经历的都经历了，已经很满足了！"说完，躺在床上，双手舞动，"跳"了一段地道的新疆舞，在结束的时候，特地将头和身体从床上抬起来，一手放在胸前，点头鞠躬，从容帅气地做了一个标准的谢幕动作。

父亲离开了。告别仪式上，播放的不是哀乐，而是父亲喜欢的祥和安宁的佛乐，遗像也用了彩照，因为父亲给每个人留下的都是热爱生活、热情四射，像孩子一般绚烂绽放生命力的印象。告别仪式庄严宁静，众多亲友没有一位哭泣的，因为都觉得父亲的一生虽多苦难，但活得认真而投入，每个阶段都很圆满；而他无穷无尽的创造力，永不枯竭的好奇心，载歌载舞间留给大家的可爱回忆，至今想起来都让人心生笑意。

父亲用他的离开给我们做了一场笑对死亡的美好开示。因为笑对，他给了我们足够的时间来从容告别；因为从不吝啬的真情表达，与家人拥抱亲吻说“我爱你”的好习惯，一直延续到父亲与我们在一起的最后一刻，让我们每个人都不留遗憾。

而一生为人师表、活得优雅纯粹的母亲，则用她的离开为我上了一堂更加充分、完整的临终关怀实践课，让我更细致清晰地知道：做什么，怎么做，才可以让生命在死生转化之间，仍行云流水般自在自如。母亲仙逝那一刻，我真切地感受到她通透美好的生命挥动着纯洁的翅膀，从我的手心轻轻起飞，一路向上。

我是幸运的，一切都刚刚好。2019年12月30日，我刚刚忙完叔本华《人生的智慧》这本书的线上导读，12月31日，母亲就住进了安宁病房，让我有机会亲自为她完成真正意义上的临终关怀。

母亲连着两天用微弱的声音跟我聊了很多话，回顾她觉得“很值得”的一生。我一段一段地录了下来，希望有一天能为她和父亲亲手整理出来，让他们单纯美好的心灵继续活在我的文字里。

母亲说：“生病以后，我一直在想，人这辈子最重要的事情，应该就是弄明白‘活着的意义’。可能很多人到最后都没弄明白。”

我问：“妈妈，那您明白了吗？您觉得‘活着的意义’是什么呢？”

母亲说：“大道理我说不出，但我觉得我活着的意义就是为了儿女，让你们每天回家能够喊一声‘妈’。”

我说：“嗯，您把您的学生也都当作儿女了，对吧？无论他们多大年纪，成就高低，遇到什么难题……都可以回来叫一声马老师。”

母亲的眼睛里闪过一丝温柔的光，然后轻轻地闭上眼休息了一下，接着说：“我觉得我这辈子做了很多正确的决定，当老师是其中一个，还有一个就是嫁给你爸爸。”

我把脸轻轻地贴近母亲，闭上双眼，想象自己能够像小时候一样依偎在母亲和父亲身旁，看他俩边跳边唱《北京的金山上》。

母亲的话题，让我想起欠了出版社很久的一本文集书稿——《生命的意义》。一直没有动笔整理，是因为唯恐自己还没有想明白，没有找到最根本、最究竟的答案，担心误导信任我的朋友们。

2020年1月8日19时47分，母亲在我的放松指导语中，平静、优雅、唯美而又从容地飘然离去。

处理完母亲的后事，正想一边为母亲整理她的同学、朋友以及学生们献给她的诗文，一边开始整理《生命的意义》，没想到紧接着就遇到了疫情的爆发，让我来不及放下对母亲的思忆，来不及恢复微恙的身体，一转身就和林紫心理机构的伙伴们连夜开始了疫情下的心理援助。

六个人，四座城，忙到凌晨2时47分，我躺下的时候，看见机构的小伙伴墨墨在朋友圈里写道："2020年的第一次加班到现在，一丝困意都没有，心里是满满的满足。和可爱的人儿做喜欢的事，每分每秒都在发光呀！"

我隔空拥抱了她，默默地截了图。图上，我的父母正微笑地凝视着我，好像在说："很好，这就是你活着的意义。"

2020年的心理抗疫行动，让我想起2003年，我在策划、采访和主持的"直面SARS，提升心理免疫力"的网络直播节目里说道:“面对疾病和死亡，愿我们能静定身心，重新思考自己存在的方式和意义，向死而生。珍惜活着的每一个当下，做自己最终会认为是‘值得’的事。”

最终会认为是“值得”的事，就是生命意义的所在。父母如果能陪伴孩子找到各自生命的意义，生命教育就有了灵魂，而不会再落入应试和寻找标准答案的困顿里去。

2020年3月8日，是母亲离开我们两个月的日子。头天夜里，我接到一位年轻朋友的紧急求助，说“我妈妈癌症晚期，难受得不想活了”，她想了解有关安宁病房和临终关怀的事。

我立即通过微信将病房介绍和联络方式发送了过去，然后语音指导她如何陪伴和安抚妈妈，如何调整自己的情绪，如何建立家人间的支持体系等。对话框安静了一段时间后，一条信息慌乱地跳了出来:“我妈妈快不行了，我现在该怎么做啊？”

“我现在该怎么做啊？”20多年的心理咨询工作中，我听到太多这样无助而令人心痛的求助。即使没有这场疫情，即使在日常的生活里，即使不是意外和危机，当面对即将离去和已经离去的亲人，内心的慌乱、恐惧、愤怒、哀伤与疼痛，以及“叫天天不应，叫地地不灵”的绝望与不知所措，生命突然被抽了空气一般窒息孤独的滋味和体验，也足以令缺少生死教育的我们一时六神无主，乱了方寸。

更何况，疫情之下骤然离去的逝者的亲友们。

2月4日，我曾在朋友圈转发了一个女孩的紧急求助。当天，新冠肺炎刚刚夺走了她父亲的生命，而小小的她来不及悲伤，拼了命地努力想让病危的母亲早日入院。“我已经失去父亲了，真的真的不能再失去母亲！”她在求助帖的最后写道。许许多多的朋友给我留言，发来当时能够找到的所有的入院资讯和通道。幸运的是，在大家的帮助下，女孩的母亲很快住进了医院。3月7日，女孩在朋友圈里说：“妈妈核酸终于双阴了，我哭了……”

而同一天，在我能做的非常有限的远程临终关怀和支持陪伴下，那位求助的朋友最终送走了母亲。

某天早上，她发来信息说：“母亲的整个丧葬流程进行得很顺利。在今早火化时，母亲面容安详，脸上发光，皮肤白皙，感觉变得美了。”

为她感到欣慰的同时，我也想起了自己跟母亲告别时的每一个情形。面对死亡，因为我们的镇定和平静，因为我的每句放松指导语都合着母亲的心跳和呼吸，因为母亲的手始终在我们的手心里，也因为我们不断温柔地告诉妈妈：“您如果想留下来就留下来，我们会一直陪着您；您如果累了想走了，就走吧，我们还是会一直陪着您，放心吧。”母亲最终安然、美好而优雅地离去了，即使是躺在焚化炉前的样子，都是那样的通透静美。

死亡，其实是生命的一个部分。只是因为我们不知道“死后到哪里去”，所以才会慌张恐惧；只是因为我们常常忘了自己的存在也只是暂时的，所以才会将亲人的逝去看作是“永远的失去”；只是因为我们少有机会直面生死，所以才在死亡来临时手足无措，唏嘘抗拒……

疫情爆发以来，我应邀讲了很多场“疫情之下，如何安抚内心焦虑”的直播课，听众数万。课上，我说：“疫情就像一面放大镜，让我们更清晰地看到自己日常的焦虑，同时将每个人都终将面对的生死课题提前摆在了我们面前。而弄明白死亡以及我们自己对待死亡的态度，是我们最终缓解焦虑，好好活着的大前提。”

关于生的智慧，死亡是最好的老师。

一次直播课后，有位心理学同行通过主办方留言感谢我，说：“父亲走了之后，我内心的很多东西之前都没有处理好。今晚短短不到1小时，我好有收获，觉得这个是‘法布施’[1]，听得我心里面松动了好多，真的太好了。”

我默默收下了她的感谢，同时也感谢她接收到了我一直想要传递给更多朋友的人生态度——向死而生。

向死而生，在我看来，不仅仅是一个念头，它还包含着很多实际的方法、练习和生命关怀实务。

2020年3月以来，随着新冠肺炎疫情逐渐得到控制，个人和群体在经历了应激反应之后，越来越多的悲伤开始浮现出来，越来越多没来得及对逝去亲友说的“再见”需要被倾听和安放。所以，林紫心理机构在援助热线基础上，又开通了“哀伤辅导邮箱”，帮助人们抚平丧亲的伤痛。生命关怀和生死教育，是林紫心理机构一直在做也将一直做下去的事情。因为，这正是我们的生命意义。

很喜欢一段话：“如果每个人都是一颗小星球，逝去的亲友就是身边的暗物质。我愿能再见你，我知道我再见不到你，但你的引力仍在。我感激我们的光锥曾彼此重叠，而你永远改变了我的星轨。纵使不能再相见，你仍是我所在的星系未曾分崩离析的原因，是我宇宙之网的永恒组成。”

为母亲做临终关怀的时候，我提到了这段话。我问

1 意思是把智慧和方法传授给他人。

物理高才生妈妈："面对死亡，您怕吗？"妈妈说："不怕，我从来都知道暗物质和多维空间。"我说："您真棒，妈妈！我们也不怕，因为就算看不见您和爸爸了，我们也知道，你们就是我们的暗物质！"

妈妈的眼睛缓缓望向远方，逐渐进入弥留之际。我握着妈妈的手，顺着妈妈的眼睛望过去，轻轻地说："妈妈，看见光了吗？有明亮的光在远处照着您，温暖着您，您只需要向着光向上，我们会一直陪着您！"

感恩生命于我的每一份际遇，感恩我的职业和20多年来的每一位来访者，让我有足够的力量在父母先后离开之际，从容不迫地为他们完成最合适的关怀和陪伴、此生无憾。同时，我也会与林紫团队一起，将这份力量传递给更多人。我还想要邀请每一位正经历或经历过丧亲之痛的朋友们，与我们一起告慰所有逝去的生命。你们是我们的暗物质，而我们愿做你们留在世上的光。

人生无非"断舍离"

2020年5月10日，对我来说，是第一个"没有母亲的母亲节"。

虽然母亲不在了，但我依然像过去那样每年为她准备一份从心底发出的礼物。不同的是，以往的礼物都是为了让母亲拥有，而这次，则是我们母女共同进行的一场人生最彻底的断舍离——我完成了遗体捐献志愿者登记，让父母给予我的身体最终回到医学院，为中国的医学事业再尽微力。

医学院，曾经是母亲年轻时最向往的地方。品学兼优的她在高考时恰逢特殊年代，阻断了她成为医生的梦想。后来她当了老师，有了儿女，依然念念不忘最初的愿望，从我记事起就常在我耳边轻轻“催眠”说：“长大去当医生吧！”

长大了的我，没有当医生，却成为中国心理咨询行业的一名开拓者，开始“医”心病。虽然在很多人看来，“心理咨询师”跟“医生”差不多，但我始终知道，自己最多只能算实现了母亲半个心愿。

剩下的半个心愿，当母亲在世时，我常常通过跟她分享我的工作来弥补。20多年来，我曾为医护人员和医学院学生讲的许多心理咨询课，通过咨询帮了无数位医护工作者，接受副市长授予的“医患关系调解专家”聘书，成为国家卫健委“精神卫生和心理健康专委会”委员……只要与医学相关的事，我都事无巨细地汇报给母亲，希望她开心的同时，我也总在心底问自己：“我还能做些什么呢？”

几年前，一位白血病患儿的父母来咨询。孩子生命垂危，夫妻俩伤痛欲绝却又无能为力。丈夫流着泪说，自己能想到的留住孩子的唯一办法，就是器官捐献，但又怕妻子不同意；妻子则泣不成声地捶打着胸口，断断续续地说：“我……同意……但是……心好痛，好舍不得啊……”

我轻轻拉过妻子的手，放在我的两个手心中，微微用力地握住，同时请丈夫搂住她的肩膀，轻轻抚拍。直到她稍稍缓过来，我才柔声说：“是的，每一个妈妈都很难面对这样的抉择，眼睁睁看着天使一样的孩子飞走，已经非常心痛了，又怎么舍得再让孩子受更多的苦呢？”

妻子靠在丈夫怀里，闭着眼，一边抽泣一边无力地点点头。我接着说：“天使要飞走了，而爸爸妈妈想留下他发光的羽毛在人间，就好像他还在陪着你们一样，这会让你们感觉好一点，是这样吗？”

妻子又点点头。我轻轻松开她的手，取过画笔画纸，邀请夫妻俩一起画一幅叫作《天使之羽》的画，而我什么也不说，只在一旁静静地陪伴着他们，因为我知道，笔与纸的每一次接触，都是一次痛苦的直面和告别，唯有完成告别，才能松开双手，接受亲密关系中的“断舍离”。

关系中的“断舍离”，远比朋友圈中“扔东西”要难得多。因为失恋而想要自杀的大学生，因为失业而想要报复单位的职场人，因为贪爱而深陷多重情感的外遇者……人生无法松手的事越多，劳累和痛苦就越多，因为究其一生，最终的幸福感不是来自我们能拥有多少，而是来自我们能放下多少。

几年前，为那对夫妻做完咨询后，我也开始关注遗体和器官捐献。父母在时，怕自己万一走在他们前面，捐献会让他们难过，所以我没有登记做志愿者；父母离去后，当我再次问自己“还能为他们做些什么”时，身后做一名“大体老师”的心愿越来越坚定了。感恩父母给予我的美好身体，能用它来满足母亲从医的愿望，满足我自己帮助更多人的愿望，实在甚是圆满。

做完志愿者登记后，我的整个身心倏然无比轻松、通透。原来，人生无非断舍离，选择成为“大体老师”，可以让人体会到彻底放下“自我”时无牵无碍的愉悦。从这个角度来说，岂不正是身前的自己最大的收获吗?

生命教育，其实不是单个独立的学科，更不是靠理论知识和空洞说教就能达成教学目标的课程。它是生命与生命相互照应和陪伴，而只有觉察到执我的存在，我们才可以绕过贪嗔痴的纠缠，放下评判和防御，自然地走近他人的物性和心性，最终在慧性层面相遇。

生命的全部意义：接纳、陪伴与照见

20年前的一个午后，我走在上海的一条幽静的马路上，前面走着一对母子，儿子10来岁的样子，母亲衣着朴素，用粗糙而有力的手拉着儿子，看起来他们的经济状况和知识学历在这座城市里都处在底层。可是，底层的生活似乎并不妨碍他们的快乐。儿子蹦蹦跳跳，东张西望，看见了路边蹲着的衣衫褴褛的乞丐。

儿子说："妈妈你看，要饭的。"

母亲停下脚步，从手腕上挂着的已经有些破损的零钱包里取出一枚硬币，递到孩子手上说："阿宝，喏，放到他的碗里去。"

儿子犹豫了一下，捏着硬币说："可是，老师说他们都是骗人的！"

母亲粗糙的手轻轻地拍了拍儿子的肩膀，柔声细语地说："没关系，就算他们是骗人的，用这个方法来讨生活，也比我们更不容易呀！"

那一刻，走在他们身后陌生的我，霎时间被无边的温柔和清凉智慧浸透，整个身心倏然舒展，仿佛听见生命花瓣因为受着突如其来的滋养而次第开放的声音。于我，这便是生命的全部意义：接纳、陪伴与照见。

因为接纳自己，所以不会因着现实的压力而失去内在的安全感。因此，可以接纳生命中任何一个人或任何一份际遇，即使这份际遇暗含着被骗的风险。

因为接纳，所以陪伴。每个个体的存在，都有自己的故事和不易，都有自己行走的速度和轨迹，生命与生命之间，舍与得之间，陌生人或挚爱亲朋之间，上下级或同事之间，其实都是以不同的方式彼此陪伴着走在人间。

因为接纳与陪伴，所以生命之间彼此照见。你会看见在自己和别人身上人性的弱点，看见自己和别人身后短短长长的阴影，看见聚散离合之间的永恒，看见施比受更有福，看见你不需要看见，也能坚信它存在的存在。当你能够照见，你会发现自己对生命是如此接纳和信任，以至于你不需要赋予它任何意义，仍然能与它同在。

照见，是生命所能修得的最圆满的智慧，而这种智慧，其实与生俱来。我们所能做的，是不断放下后天习得的恐惧，包括对“生命究竟是否有存在意义”的恐惧，让生命本来的样子昭然而来，如是呈现。

人生千滋百味，妈妈永远爱你

关于探寻生命意义的更多具体方法，我想放到《系统养育》这本书里跟大家详细探讨。而在我们这本书接近尾声的时候，如果仍要留一份作业给大家的话，我想，就邀请大家给孩子写一封信吧。

趁一切还来得及，借着写信，整理我们自己，也给孩子在生命的慧性空间里留下最真诚的支持，为了将来，更为了当下的每一天。

分享2010年我为上海《新民晚报》写的一篇专栏文章。这篇文章正是以信的方式呈现的，因为那时一家企业的十几位年轻员工连续跳楼，我知道表面的危机干预所为有限，在更深层的问题尚未解决前，唯有爱——无条件的爱，才有可能维系住更多孩子的生命。

人生千滋百味，妈妈永远爱你
——写给圆子，也写给天下所有的孩子

亲爱的圆子：

今天是2010年5月29日，4天前，你满7个月，妈妈

在你日记本的扉页写下一句话“人生千滋百味，妈妈永远爱你！”

写这句话的时候，在南方一座繁华都市有一位19岁的大哥哥，因为一些特殊原因，选择以一种极端的方式结束了生命，逃离了一个叫作“企业”的孤岛，同时，也远离了爱他的亲人们。远方，他的妈妈或许正怀揣希望，等待他有一天实现梦想，平平安安地回到她身旁。

圆子，妈妈是心理工作者，为重大社会危机事件做心理分析，减少悲剧重复发生是妈妈责无旁贷的使命，可是这一次，面对震惊全国的“11连跳”，妈妈三缄其口，请记者阿姨等等再等等，除了需要了解真相外，还因为妈妈知道，仅靠心理分析解决不了根本问题，因为不只是一位哥哥姐姐或叔叔阿姨生病了，不只是一个企业生病了，生病的是你刚刚来到的这个人世间。

这个人世间，虽然自古以来问题延绵，但从未像今天这样需要彻底反思——人类真正的幸福感究竟来自哪里？我们铺天盖地所宣扬提倡的，营造并殚精竭虑所追求的跟真正的幸福有什么关系？除漂亮的财务数据和耀眼的成功秀之外，生命本身的价值和尊严，被放在了哪里？

今天，11跳变成了15跳，你和妈妈所在的这座城市也相继发生了4起同样的悲剧，妈妈和外婆都心痛不已。7个月、7岁、17岁、57岁……无论多大年纪，都是妈妈的孩子啊，是什么让他们这样选择结束生命?

妈妈不能再等下去了。在你的第一个“六一”儿童节到来之际，请原谅妈妈以这样的方式送你这份沉重但又格外重要的礼物。妈妈想借着文字告诉你和天下所有的孩子一些道理。

每个人的一生都很不容易，无论你们将会经历什么，无论别人怎么对你，无论成功还是低迷、有钱还是清贫，你们都是有尊严的独一无二的无价之宝，都请珍爱生命，因为你们的妈妈爱你们！即使那份爱因着“病”的缘故，可能有点走形，可能急功近利，可能自顾不暇，甚至可能成为你们的压力来源之一。即使如此，也不要怀疑，妈妈爱你，随时张开双臂等你回去休息！

人生是一场无人可代的修行，充满考验和问题，但那又怎么样? 有妈妈的爱在这里，这一辈子，再多的小麻烦，都只是白驹过隙！

圆子，妈妈给你取名“昭然”，希望你如日月之光照亮人间，让人间少些病垢，但同时妈妈也知道，你也将会跟所有的人一样，经历成长中的所有历练，会在某个妈妈可知或不可知的艰难瞬间，闪过一丝“结束生命”的玄念。没有关系，宝贝，这很正常，因为你是人，包括妈妈和跟妈妈一样的所有心理学家在内的人们，其实都在经历着人生的各项历练，都会在这样或那样的某个时刻，涌起某个不为人知的念头。有了念头，试着放下它或者把它交给你最信赖的人来保管就好，继续你的生活，很快你会发现，总有些意想不到的生命礼物正在前方等着你，总有一天你会明白正是这些历练成就了你的福慧圆满！

圆子，妈妈知道，文字的力量有限，妈妈的智慧也很有限，不过妈妈不怕，因为爱的力量无边无涯，不受时空所限，即使妈妈有一天不在人间了，爱也会永远陪在你身边！

人生千滋百味，妈妈永远爱你！孩子，竖起你的小指头，跟妈妈拉钩钩，无论何时，想放弃之前，先回家看看，妈妈永远是你不离不弃的心灵伙伴！

爱你的妈妈

后记

这本书的大部分内容，是在毗邻河畔的咖啡馆里完成的。

我通常是咖啡馆的第一个客人，因此总是有机会靠着临河的大落地窗而坐。当休息的时候，抬眼望去，可以看见宁静的河水、翩飞的白鹭，以及对岸几座老牌的顶级宾馆。这几座宾馆，对绝大多数人来说，不过是“无序中诞生的有序”，是无生命的存在；可是，对我而言，却有着不同的感受和意义。

在刚刚动笔写这本书的时候，我接到一例个案。求助男孩的父亲，一位儒雅的学者型企业家，从其中一座宾馆坠楼辞世了。男孩说，他想不通两件事：第一，其实后来修建的很多酒店、宾馆都比这里高级多了，但父亲为什么一直偏爱这座宾馆，并且要选择在这里结束生命呢？第二，从酒店的监控录像能够看见父亲进入宾馆后，轻车熟路地直奔目的地，遇到台阶，还轻快地跳跃了几下，一点也看不出要告别人世，但为什么会做出那么决绝的举动？

我说：“也许，你父亲偏爱的是它曾经带给自己的生命体验，而“轻快”则是因为做了最后的决定，心里不再有冲突，假想着将会经历久违的愉悦感和解脱感。”

男孩还描述了一个细节：父亲在跳下去前，将眼镜摘下来，放在了窗台上。我问男孩怎么看父亲的这个举动，男孩压抑许久的眼泪终于落了下来，说："这就是我爸爸，一个认真做事的读书人，有理想，一辈子都在努力做好人，别人也都说他好，所以就算在最后时刻，他可能还希望给别人留下好的印象……他做到了。"

一边写书，一边陪伴男孩逐步走出哀伤的我，在咖啡馆时，偶尔会抬眼望向那座宾馆的方向，向从那里辞世的男孩的父亲致敬。不是致敬他的行为，而是感谢他以生命的代价促使周围的亲友以及更多的人进行反思，生命究竟是什么？我们究竟该怎样活着？

我在这本书中提出了"生命教育心相模型"，曾有编辑老师对此表达了他的担忧，觉得不够体现"科学唯物主义"。我很感谢这位老师负责和真诚的反馈，同时也更加觉得：生命教育任重而道远。事实上，科学也是在不断发展的。2021年4月18日，《科技日报》刊载了一篇名为《香山科学会议呼吁：用"四维视角"对生命科学研究再认知》的新闻报导，引用了会议发起人、中国工程院院士丛斌先生的一段话："在生命科学领域，我们习惯了在三维空间，即以物质静态的空间结构进行研究。若想揭示生命本质，应在原有三维的基础上，加入时间和能量信息网络传递维度（第四维度）。”我看到越来越多的科学家们也开始了与我同样的生命思考和探索，看到越来越多各领域的学者们如我在前言里所说，正尝试用跨学科的方式来重新诠释生命。这，正是我写作本书的目的和意义：让一小部分人先思考起来，突破认知和经验的局限，为孩子们打开一片更大的生命空间。就像1998年我最早创办非药物心理咨询中心时一样，在大众还不知道“心理咨询”是什么的时候，作为行业的开拓者，孤独是必然的选择。不过开始写作这本书，比1998年更令我笃定的是，如今连幼儿园的小朋友们也在高声唱着“孤勇者”：“爱你孤身走暗巷，爱你不跪的模样……”是啊，“谁说站在光里的才算英雄”？

从2020年完成这本书的初稿，到如今即将付梓，我始终牵挂着书中谈到的那些“需要帮助的人”，希望他们能早日获得专业陪伴和帮助，度过人生的至暗阶段。然而，令人心痛的故事仍持续发生着。

2022年，一个12岁孩子的父母因为意外发现了孩子写的遗书而惊慌失措地来找我，请我一定要救救孩子。在仔细询问了家族史和近期生活事件后，我又询问了孩子近三个月来有无生理疾病及是否服用过药物。父母这才想起来：孩子三个月前因为身体不适看过医生，并且一直在谨遵医嘱服药，而这个药的副作用之一可能会诱发抑郁。男孩的母亲还同时想起，当时儿子还没有满12岁，但自己着急着想要快点好起来，所以一直在按照12岁的标准剂量给药，觉得“反正也就差一两个月时间，没什么关系”。因药物导致抑郁的案例我在这本书中曾有提及，未曾想到，初稿完成两年后，竟有一位12岁的孩子因此前来寻求帮助。

我请孩子的父母立即与医生取得联系，先尽快更换用药，再带孩子来咨询。果然，药物更换之后，孩子的情绪也开始渐趋稳定。虽然母亲的“着急”、亲子关系的调适以及孩子其他心理困扰的干预还有很长的一段路要走，但好在，心我对物我的支持没有走弯路，一切都还来得及。

可是，也有许多的“来不及”让我们猝不及防，也让我深深感到生命教育迫在眉睫。

2022年5月，新闻噩耗传来，那个因嗔怒将巴掌挥向孩子、最终失去了孩子的母亲，还是在无助与绝望中选择了结束自己的生命……愿逝者安息。

一次又一次的心痛，唯愿所有读到这本书的家长们，可以彼此陪伴、相互支持，而不是在养育孩子的艰辛路途中独自摸索、孤军奋战，更不会雪上加霜、相互指责；尤其是经历了创伤和危机后，可以及时求助，为人生多留一个出口。愿这样的悲剧再少一些，愿更多的人站成同心圆，可以手拉着手承载生而为人的不易与悲哀。

生命教育，不是已知者对未知者的教育，而是生命与生命之间的相互对话，共同的探索，彼此的抱持，从生到死，从死到生的陪伴。

在这样的陪伴中，即使一座宾馆，也能参与到对话中，以无序中的有序支持有序中的无序。

从这个角度来说，我们无时无刻不在探讨和经历着生死，而且最终会发现原来最接近生命教育内核的路径，是在一呼一吸、一茶一饭间，认真而不当真、爱子而不贪嗔，真正做到向死而生。参透了“死”，生的烦恼便会风吹云散、日月昭然。

随缘尽力，世间美好，因为你在，我在，大家在。

图书在版编目（CIP）数据

生命教育7堂课 / 林紫著. — 上海：上海三联书店，2023.1
（父母心理通识课）
ISBN 978-7-5426-7770-9

Ⅰ. ①生… Ⅱ. ①林… Ⅲ. ①生命哲学 – 家庭教育 Ⅳ. ① G78

中国版本图书馆CIP数据核字(2022)第134820号

生命教育7堂课

著　　者　林　紫
总 策 划　李　娟
策划编辑　张碧英
责任编辑　杜　鹃　徐心童
营销编辑　张　妍　都有容　孙　倩
装帧设计　潘振宇
封面插画　芊　祎
监　　制　姚　军
责任校对　王凌霄

出版发行　上海三联书店
（200030）中国上海市漕溪北路331号A座6楼
邮　　箱　sdxsanlian@sina.com
邮购电话　021-22895540
印　　刷　河北鹏润印刷有限公司

版　　次　2023年1月第1版
印　　次　2023年1月第1次印刷
开　　本　787mm×1092mm　1/32
字　　数　175千字
印　　张　10.25
书　　号　ISBN 978-7-5426-7770-9/G·1642
定　　价　58.00元

人啊，认识你自己！